戲劇評論探討

姜龍昭著

文史哲出版社印行

國家圖書館出改版品預行編目資料

戲劇評論探討 / 姜龍昭著. -- 初版. -- 臺北市：文史哲, 民 87
面： 公分
ISBN 957-549-144-0(平裝)

1. 戲劇 － 評論

980.7　　87006116

戲劇評論探討

著　　者：姜　龍　昭
出 版 者：文 史 哲 出 版 社
登記證字號：行政院新聞局版臺業字五三三七號
發 行 人：彭　正　雄
發 行 所：文 史 哲 出 版 社
印 刷 者：文 史 哲 出 版 社
臺北市羅斯福路一段七十二巷四號
郵政劃撥帳號：一六一八〇一七五
電話 886-2-23511028 · 傳眞 886-2-23965656
實價新臺幣 三八〇元
中華民國八十七年五月初版

ISBN 957-549-144-0

戲劇評論探討　目次

第二輯：戲劇探討

第三輯：戲劇評論

附錄

王序

民國五十八年十月，中國電視公司開播之初，我應邀編了三部電視劇：一部是「梁教授的故事」、一部是「馬家寨」、還有一部是「秀姑」。這三部戲，當時都得到很好的口碑與迴響。在「梁」劇中，我引進了演技派的演員洪濤、郎雄，和我的學生江長文、洪善群、張俐敏等人。這些人都是頭一次參加電視劇演出。由於他們精湛的演技，得到觀衆和中視公司的欣賞，立即和他們簽訂了基本演員的合約，因而奠定他（她）們在電視上發展的基礎。接著「馬家寨」上、下集推出，中央電影公司及時向我購得電影版權，並邀我改編爲電影，易名爲「大地春雷」，由李麗華、嚴俊主演，在中視首開電視劇改編電影的先河。「秀姑」上、下集是由邵曉玲主演，在這部戲裡，她深厚的潛力與天賦，爆出了驚人的火花，一時之間大家都稱她爲「秀姑」而不名。正當中視電視劇，升往高潮之時，而由當時節目部經理翁炳榮先生所引進的「連續劇」，被友臺的「電視小說」在收視率上拔得了頭籌，中視同仁力圖挽回頹勢，翁炳榮兄問計於我，我認爲連續劇的「連續性」，在電視初創之時，本身就是賣點，無疑地，它可以吸引廣大的觀衆，守候在電視機前，等待它的結果。就像美國肥皂劇（Soap Opera）一樣，永遠演下去，永遠也沒有結果（Unending）。但是，日子久了，「晶晶」總是找不到母親，或者是母女擦身而過的情節，觀衆也就漸漸失去興趣了。我心中醞釀很久的一個故事概念，包括著：邊陲、土匪、豪邁、驃悍、俠義、親情、恩仇……的情節。冰天雪地的東北，馳騁草原上的俠客，男女間纏綿的愛情故事……必定會抓住廣大觀衆的興趣和嚮往的。我概略地說出了我的構想，立即得到中視當局的贊同。劍及履及的着手編寫劇本和開始籌備工作。我建議由和我有過合作經驗並有江南才子美譽之稱的姜龍昭弟擔任製作人。「長白山上」這一齣戲於民國六十年元月播映以後，立刻贏得了一面倒的收視率，也爲我們四位編劇贏得了「中山文藝獎」，與大型電視劇節目的「金鐘獎」（當時未設個人獎項）。龍照製作這部戲，不僅展露了他的才華，也顯示了他製作的能力。他最早是臺視的編審，後來轉換跑道，應邀來到中視。做爲一個政策的把關人，多少會爲當時官方的法規，與編劇家產生某種程度的距離。但是龍昭自己是編劇家，在法令之外，有時也會爲編劇家開拓一扇空間。後來，我在中視編了廿五部連續劇與單元劇，自「長白山上」以後，我鮮有與他再合作的機會。但是他寫的舞臺劇、電視劇和電影以及戲劇評論的寫作，卻源源不斷，毋庸置疑地，他是一個多產作家，也是一個有戲劇感的作家。這本《戲劇評論探討》是蒐集了他近年來在各報和專刊中發表過的專文，作有系統的分類歸納成冊付梓。它帶給我們的不僅是龍昭的心血，更重要的是，它在爲我們戲劇歷史作見證。

王生善 寫於民國八十七年四月十二日陽明山寓所

（王生善教授是國內知名的學者，兼編劇導演，從事戲劇工作五十年，除在各大學任教外，也在美國法界大學、坎薩斯大學任教戲劇課程；編寫電視劇集多種，曾獲中山文藝獎、國家文藝獎。在文化大學任戲劇系主任時，執導莎士比亞戲劇，本書中「莎士比亞戲劇的演出」一文有詳細的記述。）

中國舞台劇協會理事長張英與作者合影於會場

在上海觀賞「威尼斯商人」演出，
在海報前留影

部份臺灣團員與上海戲劇學院
院長、副院長合影

王生善教授於於八十六年與作者共同觀劇時合影留念

民國六十一年因策劃製作「長白山上」榮獲金鐘獎，該劇由王生善、蔣子安、吳宗淇與作者聯合編劇，又獲「中山文藝獎」。上圖爲錄製時所攝。自左至右：作者、男主角吳風、現場指導陶文輔、女主角邵曉鈴（胡志強夫人）、蔣子安。

民國六十年因製作「春雷」連續劇，首獲文化局頒給巨型「金鐘獎」壹座。

劉華女士於民國五十五年時，在臺視演出「一襲輕紗萬縷情」時，與作者合影留念，距今已三十二年，想不到影評人焦雄屏還記得這齣戲。

轟動國際之歌舞劇「貓」及「歌劇魅影」二劇之原作者安德魯・洛依・韋伯，他是英國著名的音樂作曲家，也是劇作家。

「歌劇魅影」前作者留下此一珍貴鏡頭。

作者與女兒姜蜜在美國紐約百老匯觀賞「歌劇魅影」演出前，特於門口合影留念。

「戎馬路遙遙」一劇作者貢敏，與作者共同在上海觀賞「莎姆雷特」演出時，合影留念。

國內首次演出「香妃」舞劇之作者賴秀峰女士，爲國內知名之舞蹈家。

國內首次演出「香妃」舞劇之劇照，中立者爲香妃。

「古早在九份那裡」一劇原作者桑頓・懷爾德。美國劇作家，此劇原名「小城風光」，此間亦有改成「淡水小鎮」演出過。

「馴悍記」一劇的原作者威廉・莎士比亞，是全球聞名的英國劇作家。

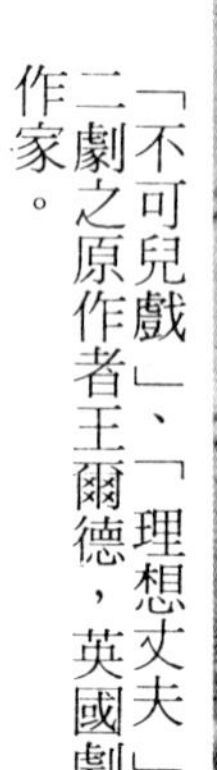

「不可兒戲」、「理想丈夫」二劇之原作者王爾德，英國劇作家。

「無路可走」原作者沙特，他是一九六四年諾貝爾文學獎得主，但他拒領。

「悲悼三部曲」一劇原作者尤金・奧尼爾，他是美國知名劇作家。曾獲諾貝爾文學獎，該劇中文另一劇名為「素娥怨」。

「巴登・好女人」一劇原作者布來希特，他是德國戲劇家。

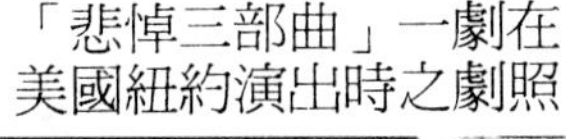

「悲悼三部曲」一劇在美國紐約演出時之劇照

「造謠學校」一劇原作者薛禮登，他是愛爾蘭劇作家。

作者親訪新疆喀什之「阿巴霍加麻札」特攝影留念，「香妃墓」即在此，為一家族墓園。

作者與柯玉雪於新疆喀什之大清真寺門前合影留念

作者攝於喀什維吾爾風俗展覽館門前

作者在新疆喀什親自訪問當地維吾爾族居民，瞭解他們的生活起居。

作者訪問通國語的維吾爾阿訇（回教之牧師）

「長期玩命」之劇照
左前方者爲李國修

「西出陽關」及「長期玩命」二劇之作者李國修，曾於八十六年獲「國家文藝戲劇獎」

「黑夜白賊」反推理劇之作者紀蔚然先生

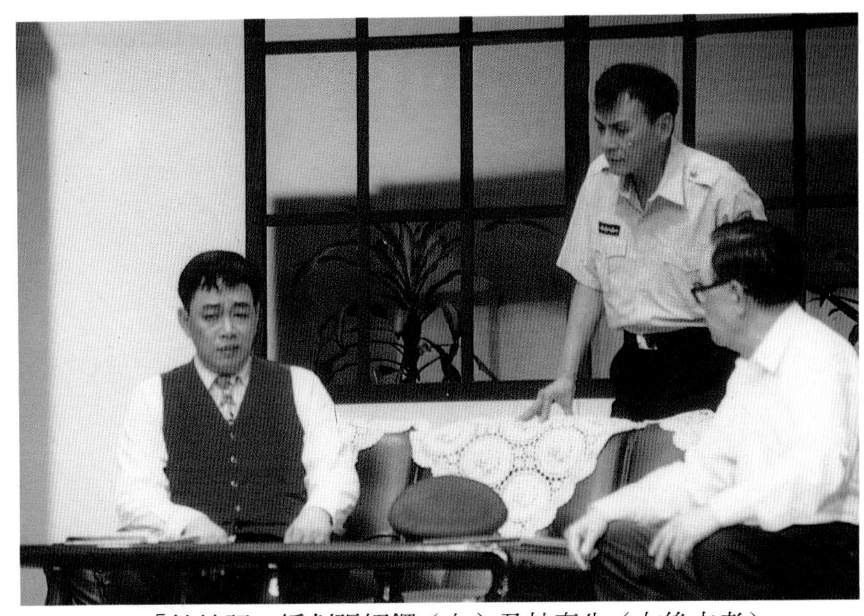

「怯情記」編劇張紹鐸（左）及杜泰生（右後立者）二人，均在劇中演出一角，另一人爲史良騏，此爲該劇之劇照。

作者於「怯情記」一劇演畢後，與全體演員合影

「尋找佛洛依德」一劇作者黃英雄先生

「行行出狀元」一劇之作者蔣志平先生，現任東南工專學校董事長，提倡劇運不遺餘力。

「橘色泡泡」一劇作者古曉茵小姐，是後起之新秀。

「紅柿子」中之總司令王仲廉中將，也就是王童的父親，曾獲「青天白日」勳章。

電影「紅柿子」導演王童在喊「開麥拉」

文壇前輩陳紀瀅先生對作者鼓勵最力，曾參加作者婚禮道賀，並合影留念。
時在民國七十五年

作者爲寫「李商隱之戀」舞台劇，專程南下多次，向文壇大老蘇雪林教授請教，並合影留念。

作者爲寫「李商隱之戀」專誠向國內知名鼓瑟國樂家魏德棟教授請教，並合影留念。

「李商隱之戀」八十二年獲教育部社教司司長何進財頒獎時攝

「李商隱之戀」八十二年獲教育部文藝創作獎，頒獎後與得獎人及教育部社教司長何進財合影。

作者於八十二年再度獲得「魁星獎」，由當時文工會副主任施克敏頒授，旁立鼓掌者爲常務理事鍾雷先生。

作者於七十四年首次獲中華民國編劇學會頒給最佳編劇「魁星獎」，由當時文建會副主委張植珊頒授。

作者服務電視界三十二年，蒙當時新聞局長胡志強親自頒發紀念獎牌。　　時在民國八十二年

劉序

當姜龍昭先生要我在他這本「戲劇評論探討」的新書，寫篇序文時，我除了受寵若驚之外，更是惶恐不安，因爲姜先生是位著作等身又大名鼎鼎的資深作家，我眞的不知該從何落筆。姜先生鼓勵著我說：「就把妳對我的認識和瞭解，平實地寫一些就行了！」那麼既不要寫什麼大道理大學問，也不要咬文嚼字，這才使我鬆了一口氣。仔細一想，我還眞的有一些心裡的感受，要與各位分享呢！

我與姜先生結緣，應該是始於民國五十四年間，我當時還是國立藝專影劇三科的學生，（現國立臺灣藝術學院的前身）而姜先生當時任職於臺視公司，擔任編審工作，勤於筆耕的他，寫了許多膾炙人口的作品，像他編的「夢回青河」，「一襲輕紗萬縷情」連續三集的國語連續劇，都曾讓觀衆留下難忘的印象。民國八十六年的三月，徐立功先生離開了中影公司，自組「縱橫國際影視有限公司」，在成立酒會上——我遇見了著名國際影評人焦雄屏女士，她親切的對我說：「妳當年演的那個電視劇『一襲輕紗萬縷情』，害我流了不少眼淚！」相隔了卅多年，我演的那齣戲，至今還能被影劇界重量級的人物，提及道來，給我的那份悸動，眞是非筆墨所能形容。由此也可見姜先生編劇的功力，對觀衆影響的深遠了，在當時，我並沒有機會與姜先生有更多直接的接觸，如今回想起來，除了深感幸運之外，也是一種緣份吧！

直到民國七十八年，我結束了旅居海外十七年的婚姻生活，返臺定居，於母校（現國立臺灣藝術學院戲劇系）執教時，經常在戲劇演出的場所，與姜先生不期而遇，知他在輔仁大學任教「戲劇」課程時，就主動邀請他蒞臨觀賞學生們的畢業公演和實驗劇展，他每次均欣然前往，觀後並常在「青年日報」、「大成報」、「臺灣日報」、「文學雜誌」上，刊載他的觀後感及劇評，此次均蒐羅在本書中。那些劇評，讓參予演出的青年學子們，讀後有種受到重視及鼓舞的力量。記得在民國八十五年的十二月，文化大學三年級的學生，在天母的「誠品書店」後庭中，演出：「惡地迷蹤」一劇，那天飄著細雨，又刮著冷風，他縮著脖子，坐在露天劇場又濕又冷的椅子上，依然聚精會神，目不轉睛地看著，興緻盎然，那份對戲劇的執著，令人敬佩。

有時當他獲悉某家報紙或電影公司在舉辦「影展」或「電影欣賞會」，贈送入場劵，他會坐計程車，不管路程有多遠，興沖沖地趕去索票，只爲了怕錯過了一部好的電影。

八十六年的十一月九日，在文建會的策劃及支助下，一群殘障朋友，成立了「可樂果劇團」，他們邀請我執導一齣戲，那天，我們在「民生社區活動中心」公演舞臺劇：「急診室的風波」時，姜先生因不久前，扭傷了大腿的筋骨，步履維艱，但他仍然拄著拐杖，前來觀賞該劇的演出，爲的是給大家打氣及鼓勵，因爲執導殘障朋友，大家坐在輪椅上來演話劇，是史無前例的，必需克服許多行動不便的困難和障礙。姜先生一生熱愛戲劇，他自始至終是全力支持我的人，這份盛情，令我感動。

還有，由於我在學校授課的關係，有時需要查詢一些戲劇相關的資訊，姜先生成了我現成的「百科全書」，每次都有問必答。我說：「眞沒想到，你是那麼細心的人！」他莞爾而笑的說：「不細心，怎麼能寫劇本呢？」

目前，姜先生雖然已由中視公司退休了，但他除了在輔大授課外，爲了培植年青的編劇人才而在家開班授課。平日除了觀賞各類戲劇演出，寫劇評外，並仍在創作，寫劇本，八十六年他寫的廣播劇，還獲得中廣公司的「日新獎」。中央圖書館是他經常留連忘返的地方，對於他這種退而不休，執著戲劇寫作五十年如一日的工作精神，實在令我肅然起敬。八十七年二月，他更當選了中華民國編劇學會的理事長。

蒐集在本書中的一些西洋戲劇欣賞及中國舞臺劇、平劇、舞劇之評論，與宗教劇、歷史劇之探討，當可爲我以上所說的做見證。卅年前他編的戲，令人難忘，卅年後，他依然爲戲劇忙碌不已，我樂于爲他的新著，寫下這篇序。

劉華 寫於八十七年四月二日

自序

我這一生，除了編寫各類不同的劇本外，也寫了不多有關戲劇的文字，在各報章雜誌發表。從民國卅四年開始，至民國八十六年十二月，五十二年中，我前後已出版了五十三種不同的著作，其中一部份是劇本。此外，有關戲劇理論的書，也出版了六種，書名如下：

「電視劇編寫與製作」——黎明文化公司六十五年出版。

「電視縱橫談」——聯經出版公司六十八年出版。

「電視編劇的理論與實務」——中視週刊社七十年出版。

「中華民國電視事業的回顧與前瞻」——中國電視公司七十年出版。

「戲劇編寫概要」——五南圖書出版公司七十二年初版，八十三年三版增訂本。

「如何編劇本」——新中國出版社八十三年出版。

有關戲劇評論的書，也出版了二種，書名如下：

「電影戲劇論集」——文豪出版社六十八年出版。

「戲劇評論集」——采風出版社七十五年出版。

這一本「戲劇評論探討」，是近十一年來，所發表的一些文字，我將之歸納爲三輯：

第一輯：西洋戲劇。包括西洋戲劇的翻譯，及世界名劇演出的欣賞與評介，其中包括美國演出的「貓」、「歌劇魅影」，以及國內各大專學校戲劇系同學演出的：英國、美國、德國、法國、愛爾蘭等知名劇作家的經典名劇。有些戲，國內觀衆很少看到，如曾獲「諾貝爾文學獎」作家尤金·奧尼爾的「悲悼三部曲」，劇長演出需六小時以上，觀衆看完上半場，還要中途休息吃完便當再看下半場，這種戲，臺灣很少演出。再如轟動國際的歌舞劇「貓」，我最早在日本東京慕名去看因買不到票，無法進場，後來是去美國紐約，才在百老匯美琪戲院欣賞到。

第二輯：「戲劇探討」。是有關不同類型戲劇的探討、演變，包括：歷史劇、電視劇、宗教劇，以及平劇、舞劇演出之劇評。尤其是有關「香妃」之身世及她與容妃的關係，一般人都將二人混爲一談，爲此，我花了近廿年的功夫，加以深入之考證，先後曾出版過「香妃考證研究」正集、續集兩書，並於八十一年，不顧千山萬水，親自長途跋涉，抵達新疆香妃的故鄉喀什噶爾，去實地走訪，因書中談及「香妃」之平劇、舞劇，特將有關文字、圖片及香妃、容妃家族世系表一併刊出，供讀者參閱。

第三輯：「戲劇評論」。是近年觀賞國內演出各種不同類型舞台劇後寫的一些評論文字，此外也蒐羅了電影「紅柿子」的有關資料，該劇是描述榮獲「青天白日」勳章王仲廉將軍，來台退隱後的一些事蹟。過去，我在中國電視公司製作「大時代的故事」節目時，曾親自訪問過王將軍，如今他已仙逝，離開了塵世，我十分懷念他一生對國家的貢獻。

蒐集在本書中的文字，只少數一、兩篇，未曾公開發表過，大半先後在：「紐約世界日報」、「新生報」、「中央日報」、「青年日報」、「大成報」、「臺灣日報」及「中國現代文學理論」文學雜誌上刊載過，有些爲求完善，我又作了小部份的修正，在此我特向上述諸位主編致謝。

十一年前，我出版「戲劇評論集」一書時，文壇大老陳紀瀅先生，曾爲該書寫序。在序文中，他曾談及大陸劇作家曹禺的劇本，他說：「依龍昭先生的經驗與潛力，他有足夠的能耐，寫出曹禺那樣轟動的劇本來，我虔誠這樣企盼著。」

憶想不到十一年後，紀瀅前輩已離我們而去。不過，我爲了不辜負他對我的企盼，嘔心瀝血，花了前後五年的時間，參考了廿八種有關詩人李商隱的書籍，再三字斟句酌，完成了舞台劇本「李商隱之戀」。這個劇本，我先獲教育部戲劇類「文藝創作獎」，以後將之改編爲「廣播劇」，在中國廣播公司播出，又獲中華民國編劇學會頒發給我最佳廣播劇編劇「魁星獎」。但我並不以此爲滿足，又細心的作了六次重大的修改，其中第一幕參考唐朝歷史重寫，完成後，邀請旅美的翻譯名家蔣嫣女士，將之譯成英文，最後由文史哲出版社於八十四年十二月出版了中英對照的單行本。

我特將該劇的「寫作經過」，寫成專文，除在報上發表外，並蒐集刊印在本書中。前僑務委員會委員長祝基瀅先生對該劇讚賞不已，爲發揚中華文化，提升國際觀瞻，特推荐該劇，希望舊金山僑界素有聲譽的「中華劇藝社」，於一九九八年下半年隆重演出，目前正積極籌備中。

最後，我要感謝遠赴美國哥倫比亞大學、坎薩斯大學研究戲劇多年的王生善教授，及留美紐約布魯克林學院獲戲劇碩士的劉華女士，爲本書撰寫序文，王教授在文化大學任戲劇系主任時，執導莎翁戲劇十餘年，在本書「莎士比亞戲劇的演出」一文中，有詳細的介紹，劉華女士戲劇方面演、導的才華，更是有目共睹，毋庸我再作介紹。此外並蒙名劇作家王靜芝教授賜題書名，更是無上的光榮。我殷切期望這本書，能受到熱愛戲劇、喜好研究戲劇，以及從事戲劇工作的朋友、先進，多予賜教指正。

姜龍昭 寫於民國八十七年三月三日臺北

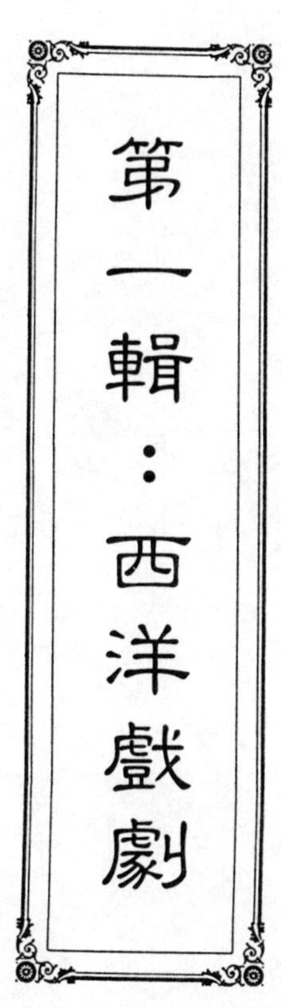

第一輯：西洋戲劇

「國際莎士比亞戲劇節」上海隆重演出盛況

一九九四年九月，秋高氣爽的季節。

上海戲劇學院爲紀念人類最偉大的戲劇家之一莎士比亞誕生四百卅週年，特聯合了「中國莎士比亞研究會」、「文化發展基金會」等十幾個單位，籌備經年，在上海舉辦了一個國際性的「莎士比亞戲劇節」，除了邀請：英國、德國、韓國等劇團，在上海隆重演出莎氏的名劇外，臺灣知名的「屏風表演工作坊」也應邀參與演出，這是一次相當隆重而豐富的藝術戲劇饗宴，各方嘉賓雲集，是頗爲難得的一項盛會。

戲劇饗宴　嘉賓雲集

臺灣中國舞台劇協會理事長張英，接受了主辦單位的邀請，乃組團前往參觀訪問，期使兩岸的戲劇演出，在文化交流聲中，互相切磋學習。一些愛好戲劇的朋友，如貢敏、王士弘、姜龍昭、曾西霸、丁洪哲、王淑華、王大華、朱耕、江家鶯、姜蜜等，都參與了這個隊伍。

大夥兒在中秋節前夕（九月十九日）出發，全程觀賞了此項戲劇節演出的九齣莎翁名劇，並參加了開幕酒會，及閉幕典禮，迄九月廿七日，始分別賦歸，有些人還參與了他們同時舉辦的「莎劇研究學術報告」、「參演莎劇評論」、及「戲劇節演出展覽」，個個都有滿意的收穫。

這裡，我願將此次盛會的情況，向大家作一簡要的報告。

第十二夜 佈景動人

首先要說的是演出情形。計有：

一、英國的索爾茲伯里劇院與愛丁堡皇家書院劇團聯合演出的「第十二夜」。全部英語發音，在逸夫舞台（即以前上海的天蟾舞台）演出三天，該劇最具特色的是佈景。舞台上呈現的是一個大型的匣子，先開啓一面，人由內走出，匣內有佈景設置，演畢，匣子蓋闔上後轉動至另一面，開啓後，又是另一佈景，匣子轉動了四次，呈現四個不同佈景，最後，匣子四面牆壁都打開，又是另 番景況，眞如變魔術一般，爲我看戲四十多年來所少見，可見英國負責佈景設計的人，花了不少心血。

二、英國利茲大學戲劇系的教師、研究生、本科同學演出「麥克白」。亦英語發音，在上海戲劇學院紅樓黑匣子劇場，演出三場，該校成立戲劇系，已歷廿七年，常赴國外演出，因時間衝突，我未能去觀賞該劇演出。

三德國紐倫堡青年劇團演出的「羅蜜歐與朱麗葉」。全部德語發音，在蘭心大戲院演出三場，該劇曾多次搬上銀幕，劇情也大半耳熟能詳，我雖不懂德語，亦往欣賞。發現該劇的演出，另有其獨特的演出方式。佈景完全沒有，舞台上，只陳列了四、五組衣架，衣架上掛了好幾套不同的服裝，演員總共只有五個人，三男二女，另有一人在台上彈奏吉他、手風琴等樂器配音，從開幕到結束，都是這五個人在演，只是每人不時在台上變換服裝，一會是男裝，一會兒是女裝，到劇終才明白，原來一個人演好幾種不同身分的角色，變換了服裝，即代表變換了角色，最後他們把結局也改成喜劇收場，不是羅蜜歐與朱麗葉雙雙殉情死去，而是喜結良緣。這樣的演法，可眞是別出心裁。

莎姆雷特　兩岸聯演

四臺灣李國修主持的「屏風表演工作坊」與上海「現代人劇社」聯合演出的「莎姆雷特」，在蘭心大戲院演出三天，該劇曾在台灣演出過，此次在上海演出，臺灣只去了三個演員，雖李國修仍掛名藝術總監，但實際由上海「現代人劇社」的劉雲負責執導，該劇係套取莎翁「哈姆雷特」原著的情節，配合某一劇團演出「哈姆雷特」一劇時的諸種狀況，戲中串戲，增加笑料，作了不少新奇的嘗試，據該劇的演出人張余告訴我說：有些觀衆對劇中穿插的一些笑料，有些隔閡，並不十分瞭解，但對李國修的創作才藝，仍讚賞不已。

五上海戲劇學院演出的「亨利四世」，在該學院的「實驗劇院」舉行開幕典禮後，即行獻演，莎氏該劇原分「上、下兩集」，今為適應演出，加以濃縮、刪節合併成一集演出，該學院因是主辦單位之一，出動了近百位師生通力合作，演員均一時之選，佈景、燈光之變化，更是氣勢不凡，贏得全場觀眾一致之好評，其中飾演亨利四世的國王，以及王子，和福斯塔爵士三位主要演員，尤爲出色。更難得是服裝、髮飾，均經過考證、符合當時的歷史背景，一頂皇冠，尤為講究，金碧輝煌，不像有些劇團，以馬糞紙貼上金紙來糊製，所可比擬。

莎翁戲劇　改頭換面

六上海越劇以越劇方式改編演出的「王子復仇記」，在人民大舞台（即以前唱平劇的「大舞台」）演出三天。把莎士比亞的戲劇，改為中國的「越劇」——紹興戲，對我來說，還是第一次看到。該劇由大陸紅牌小生趙志剛領銜主演，完全改成中國式的宮廷服裝，唱詞，也經過變換成中國式，加上舞台佈景之變換，乾冰、燈光之配合，第一幕，死去國王鬼魂之聲音，自幕後傳出，立即吸引了觀眾，及後戲中串戲，以及比劍打鬥之動作生動逼真，不亞於銀幕之武俠片，致中外人士一致鼓掌叫好，門外黃牛票還不易買到，是此次劇展中，最受人歡迎的一劇，過去該越劇團，還演過「第十二夜」。飾演王子的趙志剛是男士，能唱，能打，能文能武，他擁有不少戲迷，其走紅春申，決非偶然也。

七上海兒童藝術劇院演出的「威尼斯商人」，在兒童藝術劇場演出三天。這一齣莎劇，原長三個多小時，演出者為適應給兒童觀賞，特將全劇加以精簡、佈景造型以卡通圖案呈現，幕與幕之間，不用下幕或燈光暗轉過場。改用一群年輕活潑的少年舞蹈演員，用舞蹈來串聯過場，這種手法，我也是第一次才見到，可謂相當有創意。由成人演員以童話方式演出莎劇，亦是另具一格。

成人童話　另具一格

八哈爾濱歌劇院演出「特洛伊羅斯與克瑞西達」，改編成「歌劇」來獻演，在上海戲劇學院實驗劇場，於閉幕時，作觀摩演出的壓軸戲，他們動員了一百五十餘人，歷時三年多的時間演唱、排演、籌備，將莎翁的戲劇，改成中國的歌劇，已屬不易，因需作詞、作曲、配譜，現場另由廿餘人的交響樂團配合演奏，舞台上的演員，個個穿上古希臘的戰袍、服裝，其中穿插作戰場面，更是氣勢懾人，加上音樂、燈光的雄壯、變幻，充分發揮了良好的舞台效果，探問之下，始知該劇團，前後創作演出過五十部以上的歌劇，近年曾在德國、日本、美國、芬蘭、俄國、韓國等地巡迴演出過，此次參予盛會的表演，雖費時經年，也習以爲常，不足爲奇了。該劇演畢後，即將巡迴作國際性演出。

九上海人民藝術學院演出的「奧塞羅」，在人民藝術劇院演出廳演出三天，該學院建立迄今已四十年，先後演出過無數齣世界名劇，擁有資深知名演員極多，此次以傳統形式演出莎劇，亦給人留下極爲深刻之印象。

復旦劇社　錦上添花

除上列九齣戲以外，尚有復旦大學的復旦劇社，也演出了「威尼斯商人」、上海人民廣播電台，播出了「仲夏夜之夢」（連續四集）「皆大歡喜」（連續五集）的巨型廣播劇，我因忙於看戲，未有時間收聽，深以爲憾。

原本還有韓國的美醜劇團準備來演出「麥克白」的、因時間匆促，無法成行，只能作罷。

戲劇節開幕前一天，主辦單位特在上海四星級的銀河賓館舉行了一個盛大的記者會，及酒會，來自各國的貴賓，及全國各省的專家、學者、戲劇代表，均出席了此一盛會，中共的黨政委員，也蒞臨會場致詞祝賀，他們強調，此次開會的特點，是國際性、開放性、高品位，除了演出莎劇以外，還舉行一系列的活動，出版了極具份量的「中國莎學簡史」「莎士比亞研究」「莎士比亞在中國舞台上」等專著，分贈各界。另外閉幕後還將編輯「94上海國際莎劇節」的「研究論文集」與「紀念文集」等專書出版，作爲此次戲劇節的成果總結。

籌備本展　歷時兩年

他們印發的各種文件資料中，我得知第一屆「莎士比亞戲劇節」係於一九八六年召開，距今已有八年之久，爲召開本屆戲劇節，於前兩年，已開始籌備計畫，其中如越劇演出之「王子復仇記」，從劇本之改編到正式公演，其間經過多次學術性的討論，再如哈爾濱劇社演出之歌劇「特洛伊羅斯與克端西達」從排演到演出，更是耗費了難以數計的人力、物力、與財力，若無政府機關全力支援協助，實在是無法達成任務的。至於英國、德國等劇團來參演，也費了相當時間的聯繫。

政府機關　全力支援

觀賞了這一次上海「國際莎士比亞戲劇節」的精彩表演後，對我們這一群愛好戲劇的老兵來說，眞是大開眼界，獲益良多。回顧臺灣的戲劇活動，近年雖亦有國際性的各國劇團來演出世界名劇，但本國的戲劇團體，似乎缺乏大力支援，只能演出一些小規模的戲劇，略作點綴，較之海峽對岸的這種手筆，似乎尚待努力，要好好加一把勁才行。

我們幾個愛好戲劇的朋友，歸來後，都有此同感，願此文能引起文建會等有關主管的重視與關注。

（本文發表於紐約「世界日報」周刊一九九四年十二月十一日）

莎士比亞戲劇的譯者

我是新生報「空大專版」的讀者，今拜讀八十四年十二月廿六日刊出臺北校友黃曉華同學所寫之「留得青山在」一文後，對於黃同學抱病讀書勤學不輟的精神，十分敬佩，許多人因爲半工半讀，而累垮了身體，確是值得提高警覺的！

唯該文提及某教授所講的一個例子，與實際的情形，頗有出入，特提出說明之。原文如下：

「大陸之江大學，有位學科很優秀的學生，名叫朱豪生，他的體育不及格，身體不鍛鍊。大學未畢業，就譯完「莎士比亞全集」，甚至有出版社願意幫他出版，名噪一時，據說他翻的「莎士比亞全集」，比國內知名文學家梁實秋翻得還好，可惜，這樣優秀的人才，因爲用功太甚，大學畢業不久，就去世了，聞之怎不令人爲之嘆息，且引以爲戒呢？」

我要說的第一點，這位翻譯莎士比亞的學者，名叫朱生豪才對，並非朱豪生，對戲劇稍有研究的人，都知道將名字弄顚倒，是很大的錯誤，有如將「梅蘭芳」，寫成「梅芳蘭」，或是稱「齊如山」，叫「齊山如」，一樣會使人貽笑大方。

第二、朱生豪並非是大學未畢業，就譯完「莎士比亞全集」。他是之江大學畢業後二年，才開始翻譯莎氏劇本，一九三六年出版第一部劇本「暴風雨」，到一九四四年十二月去世，前後歷時八年有餘，有人說前後共十年，也不算錯，因爲從翻譯到出版問世，有一段時間也。他一共譯了莎劇卅一部半，並未譯完全集，他病危時，仍不能譯畢全集，奈天不假年，也只能含恨離世，後來由另一位也畢業於之江大學的虞爾昌教授，繼續此項翻譯工作。於一九五七年始由臺北世界書局出版了二人合譯的「莎士比亞戲劇全集」。虞教授曾在臺大外文系任教。一九六〇年他又開始翻譯莎士比亞的十四行詩，歷時二年，三易其稿，於一九六一年，出版了十四行詩，才算眞正完成了「莎士比亞全集」，虞教授於民國七十三年（一九八四年）去世，「中外文學」於一九八五年二月，出版了「虞教授紀念專號」，這些事，可能一般人知之不詳。

第三、梁實秋教授，原籍浙江餘杭，朱生豪是浙江嘉興人，二人可說是大同鄉，梁教授清華大學畢業後，曾赴美國哈佛大學研究院研究，他的學歷比朱生豪高，朱僅之江大學畢業，在校時主修中國文學，英文爲副科，兼任美籍教授竇維思的助教，大學畢業後，在上海世界書局任英文編輯，其英文之學養，應該略遜於梁實秋教授，梁教授曾編訂過「四用英漢辭典」，人所共知也。

梁實秋於一九三〇年在青島大學任教時，就開始翻譯莎氏戲劇，迄一九三九年，由商務印書館出版了「馬克白」、「威尼斯商人」……等八部劇本，一九四九年他來臺灣，任教於師範大學，一直到一九六七年，始完成了全部莎士比亞戲劇的翻譯工作，由遠東圖書公司出版，計共卅七冊，前後歷時卅七年，他是中國第一個個人完成莎氏戲劇的翻譯家。

放眼中國翻譯界，迄至目前爲止，能一個人獨力完成莎氏戲劇作品翻譯的人，亦僅梁實秋教授一人。大陸上，先後也有不少翻譯莎氏作品的名家，有翻成十幾部者，有的半途停止，有的因病去世，梁實秋能於卅七年長時間的鍥而不捨下，以竟全功，是值得後人景仰與學習的。

特此說明，以正視聽，至於究竟朱生豪譯得好，還是梁實秋譯得好，由精通英文的專家來加以評斷吧！

（本文發表於八十五年一月四日 「新生報」空大專版）

莎士比亞戲劇的翻譯

一、前言

引起我寫本文之動機有三：

其一：不久前，有人聽某大學教授在講述「中國文學史」課程時說：「大陸之江大學，有位學科很優秀的學生，名叫朱豪生，他的體育不及格，身體不鍛鍊，大學末畢業，就譯完《莎士比亞全集》，甚至有出版社願意幫他出版，名噪一時，據說他翻的《莎士比亞全集》比國內知名文學家梁實秋翻得還好，可惜這樣優秀的人才，因爲用功太甚，大學畢業不久，就去世了，令人爲之嘆息。」

這一段話中，有許多地方與實情有出入，爲免以訛傳訛，乃興起我寫作此文的念頭。

其二：國內知名的「屏風表演班」，最近演出一齣「莎姆雷特」的舞台劇，甚是轟動。該劇在民國八十一年首次演出，八十三年曾至上海與當地的「現代人劇社」合作演出，亦甚受好評，八十四年在臺北再度修改後演出，並將移師至加拿大公演：一些年青的觀衆弄不清楚，以爲「莎姆雷特」就是「哈姆雷特」。事實上是兩齣戲，前者是李國修編劇，後者是莎士比亞編劇，不同點是「莎姆雷特」劇中，演出了一部分「哈姆雷特」的劇情，穿插在劇中，作「戲中串戲」的表演，極容易使人產生混淆的副作用。

其三：去年我參加了行政院衛生署召開的一項研商推動「無菸的藝文活動」的會議，會中說明每年五月卅日爲「世界禁菸日」，鼓勵國人戒吸香菸，會中散發一篇〈菸草與文藝〉的文章。其中提到莎士比亞說：「莎士比亞的全部戲劇中，沒有一幕劇情裡有吸菸的，因此也引起種種猜疑，有人猜想是他在當時社會的情勢之下，採取謹愼的態度所致，甚至有人批評羅蜜歐與茱麗葉的悲劇，是起因於羅蜜歐不抽菸而引起的。……若是當時在墳墓中，他安靜的抽完一支菸之後，茱麗葉已從假死狀態甦醒過來，他就不會去服毒，小倆口不就可以永浴愛河了嗎？」這可眞是奇妙的想法。事實上，所有莎士比亞的戲劇中，的確沒有抽菸的情節，因爲在那個時代，香菸製造廠，還沒有產生，要到公元一八五六年，英國的退伍軍人，才從法國請了專門技師來英國製造香菸，那已是莎士比亞死後二百十年以後的事了。

二、「莎士比亞」的中文譯名

從上述這三件事例中，我們明白國人都清楚英國有個「莎士比亞」，創作了不少精彩的戲劇，但他的劇本，何時開始被翻譯成中文，知道的卻不多。這裡，我願就我所蒐集到的一些資訊，向大家做一番深入的報導。

莎士比亞（William Shakespeare）是歐洲文藝復興晚期誕生於英國的偉大劇作家。他生於公元一五六四年，歿於公元一六一六年，只活了五十二歲。廿六歲時，他開始創作劇本，到四十八歲停止寫作，前後寫作了廿二年。

他死的那一年，公元一六一六年，在我國而言，是明神宗萬曆四十四年，當時，中國人很少與歐洲人來往。一直到一八五六年，莎士比亞的名字始傳入中國，迄今只有一百四十年的歷史。

因此我國對莎學的研究，與諸歐美國家相比，是較爲落後的，因爲其中還有英文翻譯成中文的麻煩與隔閡。

「莎士比亞」的名字，最早是由美國傳教士慕維廉譯的《大英國志》這本書介紹給中國人知道的，那最初的中文譯名叫「舌克斯畢」，時在一八五六年。到了一八七六年，第一位由清廷派至英國，出任駐英公使的郭嵩燾先生，他在一八七七年的日記中，提及他在英國看到一些著名著作的印本，其中有一位舍克斯畢爾（即莎士比亞）與希臘人何滿（即荷馬）齊名。又於一八七九年日記中，提及他在倫敦的蘭心戲院，看過他的戲劇「哈姆萊特」。

又有曾國藩的兒子曾紀澤先生，他繼郭嵩燾出使英法，在一八七九年（清光緒五年）日記中，也提及看過「哈姆萊特」（即「王子復仇記」）這一名劇。

十九世紀末、廿世紀初，莎士比亞的大名，頻頻在各種不同譯文書上出現，但每一種中文譯名，都不一樣，十分有趣，臚述如下：

一八八二年美國牧師謝衛樓所著《萬國通鑑》，稱他爲英國騷客：「沙斯皮耳」（當時對詩人稱「騷人墨客」）。

一八九四年名翻譯家嚴復譯《天演論》中，稱他為詞人「狹斯丕爾」；到了一九〇八年嚴復譯《名學淺說》時，稱他為「索斯比亞」。

一八九六年英國傳教士編譯的《西學啓蒙十六種》，稱他為詞人：「篩斯比爾」。

一九〇三年英國傳教士李提摩太主編的《廣學類編》，稱他為詩中之王：「沙基斯庇爾」。

一九〇三年在上海出版的《東西洋尚友錄》，稱他為英國第一詩人：「索士比爾」。

一九〇三年在上海出版的《歷代海國尚友錄》，稱他為英吉利優人：「索士比亞」。

一九〇四年英國傳教士李斯·倫白·約翰輯譯的《萬國通史》，稱他為最著名之詩人：「夏克思芘爾」。

一九〇五年出版的《大陸》雜誌上，稱他為：「希哀苦皮阿」。

一九〇七年世界社出版的《近世界六十名人畫像》，稱他為：「葉斯璧」。

一九〇八年山西大學堂出版的《世界名人傳略》，稱他為：「沙克皮爾」。

一九〇二年學者梁啓超先生在《飲冰室詩話》中稱他為：「莎士比亞」，這個譯名，後來被人普遍採用，直至今天，大家均公認為莎氏的通用統一譯名。

由以上所列舉的資料，可知東西文學之翻譯、溝通、統一，眞不是簡單的一件事。

三、「莎士比亞」的譯本與譯者

最先介紹莎士比亞戲劇故事，爲中文譯本的，是一九〇三年在上海達文社出版的《澥外奇譚》，是根據英國作家蘭姆姊弟的《莎士比亞故事集》翻譯而來，只譯了十個戲劇故事，用文言文翻譯，是清光緒廿九年的事，胡適當時尚未推行白話文，譯者姓名不詳。

一九〇四年，商務印書館出版了林紓與魏易合譯的《英國詩人吟邊燕語》，又名《莎氏樂府本事》，譯了廿個莎氏戲劇故事，仍是文言文譯的。這裡要附加說明的是譯者林紓，字琴南，是中國以古文翻譯外國小說的第一人，他被稱爲「譯界之王」，一生翻譯了一百卌二種外國小說，但是他本人並不懂洋文，完全靠魏易，將英文口語譯唸給他聽，由他動筆以文言文譯出，魏易也就是前新聞局長魏景蒙的父親，曾任北京大學外語系教授。

《哈姆雷特》是莎士比亞劇本中，最早用白話翻成中文的。這個劇本有九種不同的譯本，第一本出版的是田漢譯的，於民國十二年在上海中華書局出版。田漢當時很年輕，有意翻譯全部莎士比亞的戲劇，但民國十四年，他譯了《羅蜜歐與茱麗葉》後，就未再繼續譯下去了，十分可惜。

民國十九年，此時距離五四運動提倡白話文已十一年，有一位邵挺先生，仍用文言文翻譯《哈姆雷特》，取名《天仇記》，後世學者及研究莎士比亞者，有人認爲是值得推荐較好的譯本，因爲他譯得簡潔、凝重，且夾以有韻的文辭，十分典雅。但似乎未見有人演出過，因非口語，只能作文學欣賞了。

《天仇記》之外，邵挺先生還與許紹珊先生合譯了《羅馬大將該撒》，也是文言譯的，這以後，大概白話文越來越普遍，就再也沒有文言譯本了。

由以上所述，可知西洋文學作品介紹到中國來，起先都是用文言文，後來到了民國，才逐漸改成白話文來翻譯。

戲劇主要靠演出，才能由觀衆來欣賞，戲劇的語言必須口語化，用文言來譯西洋的戲劇，只能看、讀，不能演，必然的會被淘汰，是理所必然的。

莎士比亞在廿二年寫作過程中，一共完成了卅七部劇本，有一本《兩位高貴的親戚》是莎士比亞與約翰·福萊柴爾二人合編的，這是經過了相當長時期的考證，才確定的，這一本劇本，近在大陸已有孫法理譯成中文，於一九九二年六月出版。

中國人翻譯莎士比亞劇本的人數不少，據我所知，知名的有：曹禺、田漢、卞之琳、朱生豪、梁實秋、曹未風、邵挺、周庄萍、周平、林同濟、邢雲飛、鄧以蟄、曾廣勛、顧仲彝、陳治策、方平、虞爾昌、袁國雄、孫偉佛、柳無忌、張采眞、繆覽輝、戴望舒、張文亮、楊烈、彭兆良、余楠秋、王淑英、蔣鎭、孫大雨、呂熒、邱存眞、楊晦、英若誠、張常人、吳興華、章益、楊周翰等人。

他們有的根據英文本翻譯，也有根據日文本翻譯，筆法也各有千秋。唯譯得較多的，僅有曹未風、朱生豪、虞爾昌、梁實秋四人。茲分別就他們翻譯的過程，略作介紹。

曹未風，浙江嘉興人，曾任大夏大學外文系主任，他從一九三四年至一九四四年翻譯了十一部劇本，之後又翻譯莎士比亞十四行詩，至一九六二年出版了第十二部劇本，一九六三年病逝。他是中國第一位有計劃譯出《莎氏作品全集》的翻譯家，惜未能成功。

朱生豪，浙江嘉興人，說他是「朱豪生」，是弄錯了。他畢業於杭州之江大學，一九三三年大學畢業後，進入世界書局工作，一九三五年與書局簽約，翻譯莎氏戲劇全集。一九三六年譯出《暴風雨》劇本，迄一九四四年十二月病逝，前後工作了十年，只譯出了卅一部半劇本，死時年僅卅三歲，未竟全功，令人悵憾。某教授說他大學未畢業，就譯畢莎氏戲劇全集，是不正確的。他廿二歲才大學畢業，就可能譯畢莎士比亞寫作廿二年才完成的卅七部劇本嗎？這是絕不可能的。

虞爾昌，浙江海寧人，畢業於之江大學，民國卅六年來臺，在臺灣大學外文系任教，因見朱生豪之譯本，十分欽佩其譯筆優美，痛惜其英年早逝，乃繼續其未譯完之部分，完成了一套《莎士比亞戲劇全集》，於四十六年由世界書局出版。繼而又翻譯莎氏的詩集，歷時二年，於民國五十年由臺北世界書局出版。他與朱生豪的忌日是同一天——十二月廿六日，不過他壽命較長，活了八十一歲。

梁實秋，北京人，原籍浙江餘杭人，他從民國十九年就開始翻譯莎劇，抗戰以前，就由商務印書館出版了八部劇本，民國卅八年後來臺，在師範大學任教繼續翻譯，一直工作到民國五十六年，始一人獨力完成了卅七部莎士比亞全部的劇本，由遠東圖書公司出版，前後恰好持續了卅七年，始竟全功。

以上四位翻譯家，雖有的完成了心願，有的因病未能達成心願，但他們從事這種艱辛翻譯工作的精神，仍是值得吾人敬佩和紀念的。

四、朱生豪與梁實秋的翻譯

在文學的領域中，翻譯西洋的名家作品，介紹給國內的讀者，自有其崇高的學術地位，不容我們忽視。

而西洋文學作品之中譯，一向有兩種不同的譯法，一爲直譯，一爲意譯。爲求國人接受與瞭解，自以意譯爲佳。尤其是戲劇，與小說之譯法不同，劇中的對話，務必口語化，過去用文言文譯莎劇，雖有人讚賞，但終究還是被淘汰了。莎士比亞是詩人，其戲劇對話，喜愛用詩人的口吻、筆調，將之傳神的譯成中文，大爲不易。

目前因海峽兩岸，有不同的政治背景。大陸的戲劇界，往往喜歡抬高朱生豪的譯本，說他譯得比台灣梁實秋教授還要好，一些人習焉不察，跟著「人云亦云」，對年青人來說，會造成錯誤的印象。

朱生豪大學畢業後，在世界書局任英文編輯，求學時兼任美籍教授竇維思的助教，他廿三歲開始翻譯，至卅三歲病逝，其中還因抗戰、結婚、逃難等因素，停止了一段時日，其中病逝前一年，爲了趕工，一年譯出「十八部」劇本，我個人認爲：是不容易字字都經過周詳的推敲。

梁實秋教授於北京清華大學畢業後，赴美國哈佛大學研究院研究。民國十五年，就在大學任教，民國十九年開始翻譯莎劇，迄民國五十六年譯畢全劇，一共鍥而不捨的工作了卅七年。他一直在大學任教，又編過「四用英漢辭典」，他的英文學養，應該是很好的。我認爲朱生豪和梁實秋的譯筆，應該各有長短。

朱生豪譯了卅一部半的莎氏劇本，死後由虞爾昌教授接棒，譯畢全劇出版，其間虞教授還將朱生豪的譯本，仔細校對修正過一遍，有些欠妥的地方，也加以潤飾。

目前除非有人將朱譯的卅一部劇本原稿，對照梁實秋譯的卅七部原稿，仔細比對過，且此人之英文修養的確高過朱、梁二人，列出詳細的具體例證，說誰比誰譯得好，才能令人心服口服，若是僅憑某一劇本中的某一句對白，朱譯的比較流暢，就說朱譯得比梁好，那是「以偏概全」的說法，對梁氏是不公平的，且亦是不太正確的說法。

翻譯界能有這樣的高手，來說這句公道話嗎？再說，他願下這樣長的時間和工夫，來做這件事嗎？

我想，這樣的人不好找，也不容易找。但喜歡跟著別人「人云亦云」的人，卻很多。我盼望學術研究，一定要深入、仔細；胡亂評斷好壞，不負責的說法，是不對的。

【附錄】

梁實秋與朱生豪的譯例

方祖燊

姜龍昭先生寫作五十年，他的五十二本著作中，二十五本是戲劇。在臺灣，他可以說是一位名劇作家。這期「現代文學理論」季刊，他寫了一篇〈莎氏戲劇之翻譯〉。他這篇專論，主要是談莎士比亞戲劇的中譯本，材料相當豐富。不過，他在文中提到梁實秋和朱生豪翻譯沙翁的戲劇，到底誰譯得好呢？大陸人士認爲朱生豪譯得比較好；姜先生認爲梁實秋譯得比較恰當。因爲姜先生的文章未曾舉例比較，有些朋友要編輯室舉一些例子，讓讀者自己去判斷。朱生豪的翻譯，詩的情味較濃，梁實秋的翻譯，以散文見長，各有千秋。誰翻得更好？著實難下判斷。

我做學生時候，讀過朱生豪的翻譯，我非常喜歡莎翁優美的文字。〈羅蜜歐與朱麗葉〉一劇，尤其令我沈醉。羅蜜歐與朱麗葉相愛，私訂終身，不幸在一場爭鬥中，羅蜜歐殺死了朱麗葉的表哥提伯爾特。當朱麗葉聽到表哥的死訊，她的心幾乎碎了。羅蜜歐是她所愛的未婚夫，又是她所恨的兇手。愛就讚美，恨就咒詛，這是人之常情。在這劇的第三幕第二場中，有一節朱麗葉聽到表哥兇訊時的說白，莎翁在這裡交錯地應用讚美和咒詛的言詞，來表現朱麗葉當時愛恨交集的複雜心理。現在，我將莎翁在劇中所作的朱麗葉和乳媼的對話，各摘它一節，然後再將朱、梁兩位先生的譯文，抄在原文的下面：

Julite · Oh, serpent heart, hid with a flowering face.
朱麗葉 啊，花一樣的面龐裡，藏著蛇一樣的心！（朱譯）
啊，毒蛇一般的心腸，藏在花一般的臉下！（梁譯）
Did ever dragon keep so fair a cave ?
那一條惡龍？曾經棲息在這樣的清雅的洞府裡？（朱）
惡龍住過這樣優美的洞府麼？（梁）
Beautiful tyrant! Fiend angelical !
美麗的暴君！天使般的魔鬼！（朱）
美貌的狠心人！天使一般的魔鬼！（梁）
Dove-feathered raven! Wolvish-ravening lamb!
披著白鴿羽毛的烏鴉！豺狼一樣殘忍的羔羊！（朱）
披著鴿子羽毛的烏鴉！狼一般饕餮的羔羊！（梁）
Despised substance of divinest show!
聖潔的外表包覆著醜惡的實質！（朱）
有最神聖外貌之可鄙的實質（梁）
Just opposite to what thou justly seem'st,
你的內心剛巧和你的形狀相反，（朱）

與外表恰恰相反，（梁）

A damned saint, an honorable villain!

一個萬惡的聖人，一個莊嚴的奸徒！（朱）

一個該下地獄的聖徒，一個體面的小人！（梁）

O Nature, what hadst thou to do in Hell
When thou didst bower the spirit of a fiend

造物主啊，你為什麼要從地獄裡提出這一個惡魔的靈魂，把它安放在這樣可愛一座肉體的天堂裡？（朱）

啊，造物主！你在地獄裡幹什麼好事，竟把一個惡魔的靈魂，放進這樣漂亮的肉體的天堂裡面？（梁）

In mortal paradise of such sweet flesh?
Was ever book containing such vile matter

哪一本邪惡的書籍，曾經裝訂得這樣美觀？（朱）

可曾有過這樣的一本書，內容如此惡劣而裝潢如此考究？（梁）

So fairly bound? Oh, that deceit should dwell In such a grogeous palace!

啊！誰想得到，這樣一座富麗的宮殿裡，會容納著欺人的虛偽！（朱）

啊！這樣堂皇的宮殿裡，居然會住著欺騙。（梁）

Nuree · There's no trust.
No faith, no honesty in men—all perjured,
All forsworn, all naught, all dissemblers.
Ah, where's my man? Give me some aqua vitae.
These griefs, these woes, these sorrows, make me old.
Shame come to Romeo!（註：莎士比亞的文字是據G.B.HARRISON主編的《莎士比亞全集》一九六七年版。）

乳媼　男人都靠不住，沒有良心，沒有眞心的；誰都是三心二意，反覆無常，奸惡多端，盡是些騙子。啊，我的人呢？快給我倒點兒酒來；這些悲傷煩惱，已經使我老起來了。顧恥辱降臨到羅蜜歐的頭上！（朱譯）

男人都是不可靠，沒有信用，沒有誠心；全是無賴的，虛僞的，欺騙的，背誓的。啊，我的佣人哪裡去了？快給我一點酒，這些苦惱，憂愁，悲哀，使得我衰老了。願羅蜜歐遭受恥辱！（梁譯）

他們兩人對朱麗葉的話的翻譯，可說大同小異；對乳媼的話的翻譯，則出入較大。朱生豪翻譯大體是意譯，隨心揮灑，做到信雅達的「雅」。梁實秋翻譯是逐字扣住直譯，做到信雅達的「信」。梁實秋因爲譯得較晚，朱生豪用過的詞，他似乎避免再用它。譬如：tyrant是暴君，梁實秋主編《新時代英漢辭典》也是這樣解釋。朱生豪翻譯Beautiful tyrant就作「

美麗的暴君」；梁實秋譯作「美麗的狠心人」。這當然是爲了避免跟朱的譯文相同，但也因此這句不如朱譯的自然。像梁用「該下地獄的」譯damned，用「體面的」譯 honorable，比起朱用「萬惡的」，「莊嚴的」，應該更確切些；但前後兩句合讀起來，卻似不如朱之流麗。梁翻譯乳媼的幾句話，每一個詞都緊緊扣住，則比較忠於原作。像griefs, woes, sorrows，梁譯作「苦惱、憂愁、悲哀」，朱用「悲傷煩惱」四字涵蓋它。「三心二意」，「反覆無常」，「奸惡多端」，一讀就知道這是十分意譯的，中國成語味兒十足，當然討人喜愛，但all perjured, all forsworn, all naught, 是否能夠跟「三心二意」這些成語的含意吻合相當？值得我們推敲。「三心二意」和「反覆無常」的意思差不多，把forsworn（背誓）譯作「反覆無常」可以；把all perjured（僞證）譯作「花言巧語」，似較近原意。要說誰翻譯得更好，這是很困難的。莎氏的戲劇本數那麼多，文字又那麼美，梁、朱兩人肯花畢生的功夫去翻譯它，而且譯得相當好，這就値得我們敬佩！

最後，我再就上面片斷的引例，說明莎翁用這種愛愛恨恨的筆法：

啊，花樣的臉兒裡（愛的讚美）藏著蛇樣的心！（恨的咒詛）

深入地寫出了朱麗葉的心理狀態。這一種寫法，的確也値得我們學習。

（本文發表於八十五年三月「中國現代文學理論季刊」第一期）

莎士比亞戲劇的演出

一、前　言

莎士比亞的戲劇被介紹到中國來，是依靠文字的翻譯。最先介紹「莎氏戲劇」的文字，是故事書，先由文言而白話，進而才翻譯其原文劇本，民國十九年時，還有以文言文翻譯「哈姆雷特」成「天仇記」出版的呢？但是中國演出「莎氏戲劇」，卻早在民國二年，就已有了。

關於「莎氏戲劇」之翻譯，我曾在「中國現代文學理論」第一期中，簡略的作了一些說明。現在，再進一步研究莎氏戲劇在中國演出的情形，作深一層的探討。

因爲戲劇，與其他散文、詩、小說等文學作品不一樣。必須要演出，才能成爲一般大衆所能樂于接受的文學，否則，只是僅止於閱讀的「書齋劇本」，無法引起共鳴。在演出翻譯西洋的劇本，首先必須將一些含有「洋味」的對白，加以潤飾修改，其次，在情節方面，一些西方特有的風俗習慣穿插，也必須刪除去掉，這樣的演出，才能爲中國觀衆欣賞，也才能演出時，產生「劇場效果」。

莎士比亞編寫的卅七部劇本，有些是屬於英國的歷史劇，如「亨利六世」、「利查三世」、「利查二世」、「亨利四世」、「亨利五世」、「亨利八世」，在中國的舞台上就很少演出，這幾十年來演出次數最多的，還是那幾齣著名的悲劇或是喜劇。

再說，從民國二年至民國八十五年，中國的政治環境、社會文化、以及戲劇演出的型態，也有了很多不同的變化，唯「莎氏戲劇」在中國的演出，仍是多采多姿，影響十分深遠的。

茲依據我多年來搜集到的一些資料，分就下列三個部分，作一綜合的報導，掛一漏萬之處，尚祈高明之士，予以補充、指導。

一、早期各地演出的情形

據史料記載，中國最早演出的莎劇是「威尼斯商人」，時在清光緒廿八年（民前十年），是上海聖約翰書院外語系的畢業班學生，用英語公演的。用國語演出最早的，也是「威尼斯商人」，那時劇名叫「肉券」，於民國二年七月，由鄭正秋領導之「上海新民劇社」，以文明戲方式演出，並非依照莎氏之原著劇本，到了第二年，也就是民國三年四月，上海成立了「新劇公會」，由「新民社」、「民鳴社」、「開明社」、「啓民社」、「民興社」、「春柳社」等六大劇團，聯合公演了「女律師」，也就是「威尼斯商人」，爲了賣座，改了劇名，使之更接近「中國化」而已。

這以後「春柳社」的代表人物陸鏡若，在留日期間，曾與日本早稻田大學「演劇博物館」

館長河竹繁待在一起，演過「哈姆雷特」，返國後，先後于民國三年演過「羅蜜歐與朱麗葉」、「馴悍記」、「奧瑟羅」等劇，但多是依照劇情，加以改編，並未照原著劇本來演。

民國五年，袁世凱要改行帝制。全國人民皆表反對，當時，在上海主持「葯風新劇社」的鄭正秋，將莎氏的「麥克白」一劇，改編成「竊國賊」演出，將袁世凱野心想登基做皇帝的美夢，編成插曲，在劇中演唱，受到觀衆熱烈的反應，獲得演出當時「一句一喝采」的劇場效果，「民鳴社」的著名演員顧無爲，在演該劇時，大罵皇帝，對袁世凱冷嘲熱諷，觀衆鼓掌喝采，袁世凱知悉後，大爲震怒，下令逮捕顧無爲入獄，是年三月，袁世凱垮台，六月袁憂懼死去，顧無爲始被釋放、恢復自由，這也是中國人演「莎」劇，而被捕入獄的一件著名案件。

除了上海演出改編的「莎」劇外，一些地方戲曲也曾改編演出，如秦腔、粵劇、川劇，都曾有演出過，四川人將「哈姆雷特」改編爲川劇：「殺兄奪嫂」演出，是首開先河。當時演出的莎劇，都是依據「吟邊燕語」一書中翻譯的莎劇故事來編寫劇本的，因之，劇名也有所不同。例如：

「哈姆雷特」演出時，劇名有叫：「篡位盜嫂」、「鬼詔」、「殺兄奪嫂」。

「羅蜜歐與朱麗葉」改名爲：「鑄情」。

「麥克白」改名爲：「竊國賊」、「巫禍」、「新南北和」。

「李爾王」改名爲：「口孝與心孝」、「姐妹皇帝」。

「威尼斯商人」改名爲：「女律師」、「一磅肉」、「肉券」、「借債割肉」。

「奧賽羅」改名爲：「黑將軍」、「倭賽羅」。

「第十二夜」改名爲：「孿生姐妹」。

正式演出莎氏原文的劇本，經過了將近十年的醞釀準備。時在民國十年，北京「燕京大學」的女生，在北京協和醫院演出「第十二夜」，民國十二年天津的英國教會學校「新學書院」畢業公演了「威尼斯商人」，民國十九年天津「中西女校」以英語演出喜劇「如願」，多半由外籍教師執導，以英文原本來表演，觀衆有限，影響不大。

雖說，民國十二年，田漢用白話文譯的「哈姆雷特」，已在上海中華書局出版，但第一個以中文演出「莎氏戲劇」的劇本，卻是由顧仲彝翻譯的「威尼斯商人」，時在民國十九年五月，由上海「戲劇協社」公演，名導演洪深執導，顧仲彝爲翻譯此劇，廢寢忘食了三個星期，始告完成，事後由「新月書店」出版，第二年，由「商務印書館」再版。

這以後，話劇活動在中國，因缺少固定的觀衆，十分沉寂，直到抗戰開始的上半年，由章泯組織了一個「上海業餘實驗劇團」，先後演出了好幾個世界名劇，如易卜生的「娜拉」，果戈里的「欽差大臣」。民國廿六年六月，在上海卡爾登戲院，演出了由田漢翻譯的「羅蜜歐與朱麗葉」，由名演員趙丹、俞佩珊分任男女主角，賀綠汀、冼星海出任音樂顧問，演出後，各報佳評潮湧，惜不久七七抗戰爆發，上海因有英、法租界，變成了「孤島」；廿九年，雖有「海燕劇社」爲募款救災，又公演了該劇一次外，就未有再演出過任何莎氏戲劇。

然在另一方面，莎氏戲劇在「越劇」方面，卻有了新的進展，當時的越劇皇后袁雪芬女士，打起「新越劇」的旗幟，於民國卅一年，在上海的「大來劇場」，演出越劇的「情天恨」，由于伶編導，故事就取材於「羅蜜歐與朱麗葉」。卅三年，又演出了「三千金」，由顧仲彝根據「李爾王」和中國的平劇「王寶釧」加工改編，由費穆導演，因切合中國一般觀衆的口胃，連賣了六十五天的滿座，十分轟動。這以後，又有李健吾依據「麥克白」改編的「王德明」，根據「奧賽羅」改編的「阿史那」，也受到戲迷的歡迎。因爲劇情已全部「中國化」了。

上海以外，南京那時成立了「國立戲劇學校」，民國廿六年該校第一屆學生畢業公演的，是梁實秋翻譯的「威尼斯商人」，主角夏洛克，由董心銘擔任。抗戰爆發後，該校遷到了大後方重慶，廿七年七月，又演出了梁實秋翻譯的「奧賽羅」，卅一年第五屆學生畢業公演的「哈姆雷特」，也是梁實秋的譯本。卅三年一月，在成都，有一「神鷹劇團」，亦演出「羅蜜歐與朱麗葉」，不同的是，這次演的是曹禺的譯本，由金山、白楊分任男女主角，張駿祥導演，燈光、佈景、服裝，也特別講究，各界咸認爲是一次最完整的呈現。

以上是抗戰勝利以前，全國各地演出「莎氏戲劇」的概況。

三、卅八年後大陸演出情況

抗戰卅四年勝利，至民國卅八年大陸撤退，這四年中，一般話劇演出，不若電影之蓬勃，抗戰勝利後，一些在後方的話劇編導、演人員，到了上海，都忙著拍電影去了，無暇演話劇，致演出「莎氏戲劇」的情形，亦不甚熱烈，可謂「乏善可陳」。

卅八年國民政府遷來臺灣以後，大陸爲中共所統治，迄今四十多年來，更是「鐵幕深垂」，海峽兩岸中斷音訊，自七十六年開放交流以後，始漸有往返，茲分就大陸與臺灣兩不同地域演出「莎氏戲劇」之情形，分別作一介紹。

大陸演出「莎氏戲劇」之情形，可分作三階段來說。

㈠「文化大革命」以前：

民國卅八年，大陸亦化爲中共統治後，話劇活動呈現出空前蓬勃景象。廿九個省市，都建立了話劇團，迄民國五十五年，全國有一百六十個專業劇團，戲劇工作者達二萬餘人。在上海、北京都有公演「莎氏戲劇」。計有：「羅蜜歐與朱麗葉」、「無事生非」、「第十二夜」，都採用朱生豪的譯本。其中四十八年，在上海演出的「第十二夜」，中共的高級領導毛澤東、周恩來等均親仕觀賞，並接見了這劇的主要演員。民國五十年，剛自蘇聯學習戲劇歸國的女青年導演張奇虹，執導「羅蜜歐與朱麗葉」一劇時，曾將劇情稍加修改，使演出時，更獲得看戲的群衆讚賞。同年，上海「青年話劇團」演出「無事生非」，更充分發揮了蘇聯戲劇家斯坦尼·斯拉夫斯基的理論體系，在演技的表現方面，更上層樓，事後該劇並巡迴至東北瀋陽、大連等地公演，贏得熱烈的迴響。五十一年，上海「電影專科學校」首屆學生畢業公演了「第十二夜」，成爲這一時期演出莎劇的尾聲，民國五十三年莎士比亞誕生四百週年，一些戲劇工作者，本有意大規模演出莎劇，結果，因五十五年（一九六六年）中共展開「文化大革命」，而遭受到批評與扼殺。從此，十二年在文化大革命、動亂不安中，「莎氏戲劇」在中國大陸的舞台上消聲匿跡，成了空白的斷層。

㈡「文化大革命」以後：

「十年浩劫」以後，大陸的劇運，一直趨於低潮。

一直到民國六十八年，上海的「青年話劇團」再演出「無事生非」，始慢慢的復甦。以後陸續上演了不少「莎劇」、迄民國七十五年舉行首屆「中國莎士比亞戲劇節」，前後所演出的「莎氏戲劇」，簡要說明如下：

六十九年九月，上海青年藝術劇院，演出「威尼斯商人」。十月，上海人民藝術劇院，演出「羅蜜歐與朱麗葉」。

七十年一月，中央戲劇學院公演「麥克白」。二月，北京人民藝術學院上演：「請君入甕」。（即一報還一報）四月，上海戲劇學院又演出「羅蜜歐與朱麗葉」與「威尼斯商人」。

七十一年一月，中央戲劇學院上演「暴風雨」。七月，上海戲劇學院上演了「暴風雨」，與「李爾王」。

七十二年五月，北京實驗京劇團演出京劇的「奧賽羅」。這也是莎氏戲劇改編成京劇首次演出。

七十三年上海青年話劇團公演：「安東尼與克利奧佩特拉」。六月，河南話劇團上演「

哈姆雷特」，七月，上海戲劇學院演出「哈姆雷特」，廣東話劇院上演「奧賽羅」，十二月，上海戲劇學院上演「冬天的故事」。

七十四年，上海虹口越劇團，演出越劇：「天長地久」，係根據莎氏：「羅蜜歐與朱麗葉」改編成越劇方言演出。

七十五年二月，上海越劇團又演出：「第十二夜」越劇。三月，西安話劇院演出：「終成眷屬」。

迄民國七十五年，大陸上慶祝首屆「中國莎士比亞戲劇節」期間，曾上演了廿五齣莎劇，包括了莎士比亞十六個劇本，以不同語言上演。共有廿三個演出團體，除了國語話劇以外，有的以京劇、越劇、崑曲、黃梅調等不同型式的公演，讓「莎氏戲劇」在中國，呈現出熱鬧非凡的最高潮。

㈢第二屆莎士比亞戲劇節前後：

相隔了八年，民國八十三年九月，中共在上海展開了「第二屆莎士比亞戲劇節」的慶祝活動，從第一屆（民七十五年）到第二屆（民八十三年）這八年之間，大陸演出「莎劇」，又有了一些新的變化，值得提出來說一說。

先是，民國七十六午河南的「周口豫劇團」，演出了豫劇的「羅蜜歐與朱麗葉」，上海的「華藝滬劇團」演出了根據「羅蜜歐與朱麗葉」改編的滬劇「鐵漢嬌娃」，上海的「越劇團」，則改編成越劇，劇名改爲「公主與郡主」，接著崑曲演出「血手記」、黃梅調演出「

無事生非」、京劇演出「奧塞羅」、越劇演出「第十二夜」後，民國七十六年，廣東惠州市的「東江劇團」，又改編演出了「溫莎的風流娘兒們」的「東江戲」。這是集歌曲、舞蹈、雜耍、魔術於一體的戲劇，因討好觀衆，大受歡迎。七十八年，安徽合肥的「廬劇團」，改編演出了廬劇「奇債情緣」（即威尼斯商人），這些演出，眞讓莎士比亞純西洋的舞台劇，與中國地方性戲曲，打成了一片。

七十九年第十一屆「亞運」，在北京舉行藝術節上，演出了「羅蜜歐與朱麗葉」的「芭蕾舞劇」，由「中央芭蕾舞劇團」演出，美國芭蕾舞教授諾曼·澳克導演，世界一流的舞台設計家設計舞台佈景，演出後，報上譽爲：「一首優美而又悲愴的抒情詩」，獲得極高的評價。

八十一年五月，上海「華夏文化藝術團」，演出莎劇「皆大歡喜」，但他們不是在舞台上演出，而是在花園中演出，被稱爲「花園劇」，這是另一種嶄新的嘗試。

八十年前後，「中央戲劇學院」及「上海戲劇學院」，又以小劇場型態，演出了「哈姆雷特」及「一報還一報」，八十年、八十二年「華中師範大學」、「武漢大學」又在美國教授戴維·佩里指導之下，由學生用英語演出了「威尼斯商人」及「仲夏夜之夢」兩劇。

「莎氏戲劇」近十年，在大陸之演出，眞可說是多采多姿、百花齊放。

民國八十三年九月，我曾隨「中國舞台劇協會」理事長張英組成之觀光團體，赴上海參觀訪問，看了九齣他們爲慶祝第二屆「莎士比亞戲劇節」專程演出的莎劇，簡要報導如下：

1.英國索爾茲伯里劇院與英國皇家書院劇團，用英語演出的「第十二夜」，該劇的佈景十分特別，舞台上是一個大匣子，不斷轉動，變化出不同的場景，殊爲少見。

2.英國利茲大學戲劇系師生，以英語演出「麥克白」。

3.德國紐倫堡青年劇團，以德語演出「羅蜜歐與朱麗葉」，比較特別的地方，是全劇只用了五個演員，一個手風琴配樂，在台上一再改換服裝，演出不同身份的劇中人。

4.臺灣李國修領導的「屏風表演工作坊」，派了一組演員與上海的「現代人劇社」合作演出「莎姆雷特」，劇中有一小部份是將「哈姆雷特」作「戲中戲」演出。

5.上海戲劇學院，將很少演出的「亨利四世」，上、下兩集濃縮合併成一集演出，出動了近百位演員。

6.上海戲劇院由越劇名伶趙志剛先生，來演出改編的越劇「王子復仇記」，十足中國式宮廷故事，是戲劇節中觀眾最多的一齣戲，在戲院門口出現了「黃牛票」。

7.上海兒童藝術劇院，以音樂歌舞穿插，卡通式的佈景、服裝，演出「威尼斯商人」。幕間用舞蹈來串場，這種手法，也很少見。

8.哈爾濱歌劇院，以「歌劇」方式，演出很少演出過的「特洛伊羅斯與克瑞西達」，這是一齣希臘歷史劇，演出者動員了一百五十人，歷時三年，始完成編曲、配譜，由交響樂團，現場演奏伴奏，這種大場面氣勢懾人，聞演出後該劇將巡迴世界各地，作國際性公演。

除上述九齣戲以外，尚有上海「人民廣播電台」，依據莎翁原著：「仲夏夜之夢」、「

皆大歡喜」二劇，改編成四集、五集不等的「廣播連續劇」播出，惜我因時間衝突未能收聽爲憾。

莎氏戲劇在大陸的演出，眞可說是面面俱到了。

四、卅八年後臺灣演出情況

卅八年以後，臺灣演出「莎氏戲劇」之情形，又是如何呢？也分作下列三個階段，來作一說明。

(一)反共復國期間：

卅四年抗戰勝利，臺灣返歸祖國的懷抱。從卅四年到卅八年，這一段時期，臺灣的劇運低沉，依靠一些軍中話劇團的演出來支撐，演出的都是一些老戲改編的劇本，當然也不可能演出莎氏的戲劇。

自卅八年中央政府撤退來台，卅九年蔣總統復職視事，戲劇活動，才開始慢慢恢復生機。「中華文藝獎金委員會」成立後，在獎金的鼓勵下，產生了不少配合反共國策的劇本，迄民國四十八年，一些民間的劇團組織，能接續演出者，也僅有八個，戲劇工作者，只有二百五十人左右。演出的劇目，寥寥可數，僅民國四十五年新世界劇場演出歷史劇「漢宮春秋」，較爲轟動外，其餘劇團多半苟延殘喘，勉強維持，劇壇一片沉寂，從未有演出「莎氏戲劇」的絲毫記錄。

民國四十九年，立法委員李曼瑰教授自歐美考察戲劇歸來，大力推展劇運，先是成立了「三一戲劇藝術研究班」，五十一年又在教育部藝術指導會報下，成立了「話劇欣賞演出委員會」，由廿幾個機關團體組成，經常舉辦「話劇大公演」，進而創辦「青年劇展」與「世界劇展」，使劇運又振作起來。

因「世界劇展」，規定演出西洋名劇，每次參加劇展之社團，可以用英語、日語演出世界名劇外，也可以用國語翻譯的劇本，演出西洋戲劇，唯服裝、佈景需要穿著外國服裝配合外國之國情。當時參加者，多半是學校的一些外文系的同學或師生，經查此一期間，演出之「莎氏戲劇」，僅有：「王子復仇記」（即哈姆雷特）、「鑄情」（即羅蜜歐與朱麗葉）、「李爾王」、「仲夏夜之夢」等四個劇本。

因著「青年劇展」及「世界劇展」之每年定期舉行，並頒發「金鼎獎」給最佳演出團體、最佳導演、最佳男、女演員。一些年青人，開始對戲劇發生興趣。

繼「政治作戰學校」、「國立藝術專科學校」設有影劇科系外，民國五十二年，中國文化學院，也成立了戲劇系，招收了不少學生，培植出不少演出「莎氏戲劇」的新生代。

㈡「小劇場」到「實驗劇展」期間：

李曼瑰除成立「話劇欣賞演出委員會」外，五十一年以後，復與各大專院校及青年反共救國團積極推展「小劇場運動」。鼓勵在學及社會青年，參與戲劇演出。五十五年，「世界新專學校」設立電影科，五十六年李曼瑰又成立了「中國戲劇藝術中心」，另定期積極辦理：

「大專學生戲劇研習班」、「國中國小教師劇訓班」、「兒童劇訓班」，全面訓練戲劇人才。

迄民國六十四年，李曼瑰教授去世，姚一葦教授接任「話劇欣賞演出委員會」主任委員以後，不再拘泥於演出傳統的舞台劇。六十九年發展「實驗劇展」，這一段時期，中國文化學院（現已改爲文化大學）在王生善教授擔任戲劇系主任任內，幾乎每年演出一齣「莎氏戲劇」，因爲學校學生多，演出大場面的「莎氏戲劇」沒有困難。再說民國五十六年，梁實秋教授翻譯的「莎士比亞戲劇全集」已告出版問世，在選擇劇本方面，也比較方便。

中國文化學院，在六〇年代，連續十四年，一共演出了：

「仲夏夜之夢」、「李爾王」、「凱撒大帝」、「奧賽羅」、「威尼斯商人」、「哈姆雷特」、「馬克白」、「考利歐雷諾斯」、「安東尼與克麗奧佩屈拉」、「皆大歡喜」、「第十二夜」、「暴風雨」、「羅蜜歐與朱麗葉」，以及「溫莎的風流婦人」（演出時改名「偷情記」）。

這些戲，多半是畢業班的同學，對外公開演出，由系主任王生善執導，學生實習導演，在旁學習，服裝、道具、佈景，皆由學生克難自製，因每年都演，故毋需每年添製新裝，節省不少經費。

我因愛好戲劇，且臺灣很少演出「莎氏戲劇」，幾乎每演必看，有幾個戲如「奧賽羅」等，還撰寫「劇評」，在報紙上發表。

翻譯莎氏戲劇的梁實秋教授，也幾乎每劇必看，有一次他在「世界畫刊」發表的「莎翁戲劇的演出」一文中說：「早幾年，美國『時代雜誌』的一位記者馬克白先生來看我，他說他做過演員，演過「馬克白」，希望我談談莎翁戲劇在中國演出的情形，他想尋找一些資料，撰文登在『時代雜誌』上，因爲『時代雜誌』的老闆魯斯，很雅好戲劇。結果他很失望，因爲那時在臺灣，還沒有莎翁戲劇的演出記錄。」

梁教授看了中國文化學院演出的「李爾王」與「凱撒大帝」兩劇後，對王生善教授的導演成就，認爲值得大書特書。他在那篇文章中說：「他不變換背景，利用燈光效果，使舞台產生變化。把寫實的演出手法與象徵背影，揉合在一起，又利用伸展台，採取『台上台下打成一片』的技巧，使得觀衆們的興趣大爲提高。」

梁教授在該文中，又說：「近年來，全世界發生了『莎士比亞大爆炸』，……到處爆發出有關莎士比亞的聲音。……事實上，沒有一個國家或民族不演莎士比亞的。非洲的南羅德亞亞，固然是英國殖民地，可是那裡的土人，也曾演出過：「馬克白」（即麥克白），把演員們都打扮成祖魯族的勇士，插戴著野獸的尾巴和鳥的羽毛。美國首府的一個「聾啞學校」，也曾用手勢表演過「奧賽羅」，其他國家之劇院，就更不必說。連莎士比亞的出生地「斯特拉福」，都由一個孳生出兩個、三個，加拿大的安大略有一個「斯特拉福」，美國的康乃提克，又有一個「斯特拉福」，年年都成爲莎士比亞狂歡的中心。」

「莎氏戲劇」之魅力，眞是十分驚人的。

(三)文化建設期間：

「實驗劇展」推展後不久，民國七十年十一月十一日，行政院文建會在臺北成立，從民國七十年至八十五年，可算是「文化建設」期間。

在這一段歲月中，各大城市的文化中心，先後一一落成，展開不少文化活動，但很少演出「莎氏戲劇」。

民國七十一年國立藝術學院成立，正式招生，這是全國最高的藝術學府，內設有「戲劇系」，十餘年來，也培植了不少戲劇人才，也演出過不少世界名劇，但是就沒有演出過「莎氏戲劇」。反倒是早在民國四十四年成立于板橋的國立藝術專科學校，先後於民國八十年演出過「仲夏夜之夢」，由陳雪琴、邵玉珍兩位女士導演，民國八十一年演出「威尼斯商人」，由朱俐女士導演，服裝、佈景、道具都十分講究，該專科學校已於民國八十四年改制成爲「國立臺灣藝術學院」，與前述「國立藝術學院」並駕齊驅，該校歷時四十年的努力，也確爲臺灣劇壇，培養了無數的藝壇生力軍。

此外，自七十一年開始，對於「莎氏戲劇」之演出，臺灣戲劇界也走向一個新的趨勢，那就是將劇情改成「本土化」，甚至與地方戲曲，結合成一體，茲將改編演出的情形，概述如下：

七十一年著手改編莎劇演出的第一齣戲，是「溫莎的風流婦人」，因係改編成十足中國化的故事，劇名改爲「偷情記」，這是文化大學「華岡劇展」連續十四年演出「莎氏戲劇」後的首次嘗試，原本這個戲，在莎士比亞來說，是個接近「鬧劇」的「喜劇」，比較誇張，改編後因與中國的地方風俗、民情不合，致無法引起共鳴，我曾觀後，寫過劇評。事實上，編導人員花了不少心血，全劇演出長三小時，可能因「吃力不討好」的緣故，使該校從此減少了「莎氏戲劇」的演出。

過了好幾年，擅長導演莎劇的王生善教授，依據「李爾王」的劇情，改編成「分疆恨」，成爲中國戰國時代的宮廷倫理劇，全劇共分五幕十八場，有戰爭、舞蹈等大場面，演出後，深獲各界好評。民國八一四年十月，該劇由朱安平執導，遠征至美國休士頓參加「亞美藝術節」，在米勒室外「露天劇場」公演，其燈光效果，由華人藝術專家王維力、蕭楫、沈敏生等通力合作，配合「狂飆話劇社」的精彩表演，在美國華人地區，引起熱烈的迴響，僑胞們均留下難忘的回憶。

民國七十五年，有李慧敏女士，依據「麥克白」的劇情，改編成平劇「慾望城國」的初稿，然後由「當代傳奇劇場」的編導人員共同修補潤飾，並插入部分日本黑澤明導演「蜘蛛巢城」的情節，完成了演出本，由平劇名小生吳興國與名角魏海敏女士，分任男女主角，於民國七十六年落成的「國家劇院」公演，緣於原劇本方面，耗費時間較長，修改成中國化後，能爲國人所接受，加上服裝、演技的配合，造成轟動，公演完畢，又再細加修正，由政府補助經費，遠征至歐洲各大城市宣慰僑胞演出，也獲得相當的好評，歐美戲劇專家看後，對該劇之演出成功，咸予以肯定。

民國七十九年，國內獲教育部文藝創作首獎的文學博士王安祈教授，依據「哈姆雷特」

劇情，改編成平劇的「王子復仇記」，仍由「當代傳奇劇場」的原班人馬：吳興國、魏海敏、朱勝麗、何國棟、汪勝光、馬寶山等人於是年三月間，在「國家劇院」公演，由吳興國導演，該劇人物全部中國化，對白唱詞典雅，亦道地國劇化，平劇觀衆，亦報以熱烈的喝采。

民國八十一年，由出身於「蘭陵劇坊」，創立「屏風表演工作坊」的李國修先生，經過了七年的磨練，正式公演：「莎姆雷特」，李國修他自編、自導、自演，「莎姆雷特」的劇情，並非改編「哈姆雷特」，而是描述一個劇團，在演出「哈姆雷特」一劇時，所遭遇的諸種周折與困境，劇中也多次穿插演出「哈姆雷特」的「戲中戲」，該劇的情節幽默風趣，有喜劇效果，在臺北演出時，場場客滿，座無虛席，民國八十三年，大陸慶祝「第二屆莎士比亞戲劇節」，曾專誠邀請該「表演工作坊」，前往交流演出，唯因若干演員，分身乏術無法前往，乃由上海的「現代人劇社」支援部分演員、佈景，合作演出，當時，在上海的「蘭心戲院」公演時，我曾前往觀賞，李國修受聘爲「藝術總監」，上海的劉雲先生負責導演，演出時滿場笑聲不絕。八十四年，李國修又將此劇細加修改，再度在臺北公演，演畢後，全班人馬，由李率領遠征至加拿大公演，國外觀衆，也連連叫好。

八十三年，有畢業於國立藝術學院戲劇系的梁志民創立的「果陀劇場」，積多年演出世界名劇的經驗，演出了依據「馴悍記」劇情改編的「新馴悍記」，用話劇方式表演，也十分成功，該「果陀劇場」因一再公演世界名劇，已被公認爲是臺北「一扇開向世界劇壇的窗」，讓本省的觀衆，可以透過這扇窗，看到不少好戲。

除了平劇改編演出「莎劇」外，近聞以「歌仔戲」聞名寶島的楊麗花劇團，也有意將「王子復仇記」改編成歌仔戲演出，大家不妨拭目以待。

四、莎劇演出之總結

總結八十多年來，海峽兩岸演出「莎氏戲劇」的情形，我們可以歸納成下列各點，作爲本文之總結。

㈠爲迎合中國觀衆的口味，演出的莎劇，以著名的四大悲劇，次數最多，其次是喜劇，再次是傳奇劇，悲喜劇，一些純英國化的歷史劇，如「利查三世、二世」「亨利四世、五世、六世、八世」，其中「亨利六世」分上、中、下三篇，更是罕見演出過，「亨利四世」分上、下篇，八十三年上海演出時，也濃縮成一集一次演畢，其原因是中國人看戲，不願看英國歷史故事也。

㈡我在臺灣看過十幾齣「莎氏戲劇」，發現演出之劇本，與翻譯之劇本，在對白及劇情上，多多少少都有修改過，使之口語化、中國化，減少所謂「洋味」，改動的越多，演出的效果也越好，因爲戲劇是演給觀衆欣賞的，必須是要大家能聽得懂、看的懂，才能接受，否則難以消化，這是今後演山莎劇時，必需注意到的。

㈢客觀的比較起來，卅八年以後，大陸研究莎氏戲劇，比較深入，演出的次數也多，改編爲其他戲劇型態的，也較臺灣爲廣泛，例如改編莎劇爲「歌劇」，配合交響樂團演奏，以及改編成「芭蕾舞劇」，或是在花園中演出，都是別開生面，臺灣所望塵莫及的。

㈣大陸已舉行了二屆國際性的「莎士比亞戲劇節」，邀請英國、德國……等劇團，來中國大陸演出莎劇，另邀請了美國、蘇俄等國家的專家，來指導排練莎劇的演出，更與世界其他各國的莎劇團體，取得聯繫與交流，互相觀摩，這都可以提升戲劇演出水準，而臺灣方面，尚無此項活動，眞需急起直追迎頭趕上才好。

㈤近年以來，兩岸戲曲界人士的新趨勢，是將莎劇改編成本土化的戲曲，俾使更多的中國人，能夠接觸到「莎氏戲劇」的精髓，這是十分可喜的現象，今後，似乎應更積極的向這方面去努力。

㈥莎士比亞誕生的年代，距今已四百多年，四百多年前，英國尚無電影、電視，是舞台劇最風光的時候。如今戲劇因著科技的不斷發明，舞台劇逐漸式微，一般人，現在連電影院都懶得去，那還有興趣去劇院看戲。英國人將「莎氏戲劇」拍成成套的「錄影帶」，發行至全世界，可能會收回製作成本，反顧我國的電影界、電視界，很少接觸「莎」劇，據我記憶所及，五十年前，我曾在上海看過一部叫「愛人」的電影，是依據「羅蜜歐與朱麗葉」的情節所改編，文字宣傳上標明依據莎士比亞原著，這幾十年來，類似「羅蜜歐與朱麗葉」的劇情，在電影與電視劇中，已演過不知多少次，但鮮有見標明依據莎氏原著改編等字樣出現，這種作法似乎有違「尊重著作權」的原則。

民國五十九年，中視開播初期，在李曼瑰製作的「世界劇選」電視節目中，曾演出過一次穿英國服裝的國語電視劇「羅蜜歐與朱麗葉」，此後似乎再也未見「莎劇」在電視上演出過。

臺灣早期盛行「廣播劇」，一直到現在，也從未播出過「莎氏」的廣播劇，而大陸卻播出過「仲夏夜之夢」「皆大歡喜」的「廣播連續劇」，相形之下，我們眞是遜色多了。

以上是我的看法，是否有當，尚祈方家賜正。

（本文發表於八十五年六月「中國現代文學理論季刊」第二期）

「馴悍記」的欣賞

一

國立臺灣藝術專科學校，未改制爲學院以前，於民國八十年，曾首次演出莎士比亞的戲劇：「仲夏夜之夢」，由陳雪琴、邵玉珍兩位老師執導，八十一年，再次演出沙翁的「威尼斯商人」，由朱俐老師執導，八十四年改制爲學院後，戲劇學系由朱俐接任主任，八十六年三度演出莎翁喜劇：「馴悍記」，最近在國立臺灣藝術館正式對外公演，由邵玉珍老師執導，演出時，觀衆笑聲不斷，劇場效果奇佳，顯見該校師生，對莎翁喜劇之神髓，已切實充分掌握，可喜可賀。

「馴悍記」一劇，是莎翁生平廣受觀衆喜愛的一齣戲，曾被拍成電影，由當時影壇名伉儷的李察波頓、伊麗沙白泰勒合作演出，相信對大家的記憶猶新；民國八十三年由梁志民領導的「果陀劇團」，曾在臺北演出改編過的「新馴悍記」，亦曾獲得相當的好評。

「馴悍記」一劇，初次公演是在一五九二年，到一五九四年出版，當時是十六世紀，如今已是廿世紀，相隔了四個世紀，依然這樣受到歡迎，可見莎翁戲劇功力之不凡。

十六世紀在歐洲文藝復興以後，社會上盛行「政治婚姻」、「經濟婚姻」。當時一般年青人，喜歡追求大富人家的千金或是有政治地位人物的女兒，這樣的結合可以至少「少奮鬥十年」，現在的社會青年也有這樣的心態，因此，產生了一些悍婦，丈夫爲了怕失去靠山，往往都怕太太。當時，除了莎士比亞，也有一些劇作家編寫「馴悍記」，這樣的劇本，不過多半悍婦是已婚的女人，她們以兇悍馴服丈夫就範來結束劇情。而莎士比亞的「馴悍記」卻別創一格，以一位機智的丈夫，如何運用一些技術與方法，來馴服一位以潑辣聞名的富家千金凱瑟琳就範，乖乖地做了他的賢能嬌妻，再加上一位原本衆人皆視爲溫順可愛的妹妹畢安卡，來作強烈的對比，溫順的畢安卡，婚後卻反而不再乖巧，不再聽從丈夫的指揮，亦是大出一般人的意料之外。

這就是「馴悍記」一劇，比類似相同題材的作家作品高人一等的地方。

二

莎翁的「馴悍記」原著有一序場，還有尾聲。這次演出時，因受時間的限制，被刪除了，十分可惜，就像曹禺的「雷雨」，也有序場及尾聲，演出時，多半被刪除。原劇演出需要四小時，藝術館的場地使用只准三小時，導演邵玉珍乃不得不「削足適履」，實有其不得已的苦衷。這種戕害藝術完整呈現的規定，應該早日改進爲宜。

爲演出此劇，聞該校師生花了半年以上的時間來籌備排練，除了台詞的刪修整理外，服裝的特製、佈景燈光的設計與製作，俱見花了不少心血，尤其是負責舞台設計的孟振中老師，中途突因病逝世，更使演出情況，受到了不少的影響，令人嘆息。

茲就本次演出，提出一些拙見，供該校參考：

㈠佈景方面：全劇五幕八場，又有一些是「回頭景」，在設計方面確是煞費苦心。不過，第一幕：原著上寫明是「帕度亞廣場」，卻設計成了富紳巴提斯家的大門口，致使有些戲演員出場有些怪怪的感覺，如將巴提斯家的大門，不放在正中間，直接面對觀衆，改爲側面方向噴水池在中間，另外還有一些矮小的其他房屋作陪襯，就恰當多了，再或另一角安排一些樹木花草、路椅，則後面一幕後花園的戲，演出時就可以不用改景。至於皮圖秋把新娘帶回家，在客廳僅用四塊白白的景片來阻隔，未免太馬虎了，至少絕不能只用白片，上面若能掛一些油畫、布幔或其他裝飾品，就順眼多了，要不塗上一些色彩也可以，這不用花多大力氣。

㈡燈光方面：第一幕巴提斯家大門，正面對向觀衆，主人及兩個女兒在大門中進進出出，而大門內卻是漆黑一片，一點燈光也沒有，顯見疏忽了。這也是一般舞台劇演出時的通病，只打台上的燈光，台後面屋子內均不打燈光，是否有技術上困難嗎？最後一幕，大家在廣場上歡聚飲酒，應該是晚上，燈光也未見特別強調？

㈢演員方面：因著服裝設計的配合，在造型方面幫了演員不少忙，演皮圖秋的落腮鬍子、胸毛、頭髮，均讓演員有很好的發揮，演巴提斯的兩撇小鬍子，葛萊米的滿頭銀髮，都恰到好處的幫助了他們的演出。王單單的凱瑟琳、葉雲雀的畢安卡，演得也很出色，在對比中演出不同的轉變，難能可貴。演皮圖秋的柯叔元，舉手投足均有戲，是有潛力的好演員。

㈣導演手法：這是一齣喜劇，導演要演員採用一些較誇張的動作，頗能收到預期的劇場效果，馴悍妻時的一些肢體語言，一再引發觀衆的笑聲，是邵老師的成功處，一些小動作的設計，大動作的安排，拿捏得恰到好處，十分不易。在喜鬧中不失高雅，是她的成功處，唯原劇中飾僕人特尼爾的台詞，一會兒說拉丁文，一會兒滿嘴的賣弄學問：邏輯學、修辭學、音樂、詩歌、數學、玄學的對話，全刪掉了，似乎有些可惜。

四百年後的今天，男女已完全平等了，如今天仍有男人：不讓太太吃，不讓太太睡，又經常皮肉折磨太太的，太太早就提出離婚了，那會像劇中的凱瑟琳這樣好對付，會被馴服得像頭小綿羊，這是痴人說夢！有人看完戲，走出劇場，提出這樣的批評。

對了，時代在進步呀！四百多年前，這齣戲是相當寫實的，在當時，有些富人假扮成窮人，也是他們常愛玩的一種遊戲呢！中國秦始皇時代，趙高不就玩過：「指鹿爲馬」的遊戲嗎，皮圖秋指著太陽，要太太說這是月亮，眞是可以與之相互媲美呢！

「莎姆雷特」與「哈姆雷特」

一

最近，李國修領導演出的「莎姆雷特」，在臺北社教館，作跨年度演出，從八十四年十二月卅一日起，至一月廿七日止，巡迴臺南、高雄、臺中等地演出，二月間，還要遠征至加拿大多倫多的福時劇場公演，這樣的情況，是臺灣其他劇團做不到的。

「屏風表演班」，在民國八十一年四月間，曾在臺北、臺中、臺南、高雄等四個城市演出「莎姆雷特」一劇，共演了十七場，幾乎場場客滿，觀衆人數高達二萬八千餘人。可惜，那一次，我錯過了，未有觀賞。

民國八十二年，「莎姆雷特」應邀參加了大陸上海戲劇學院爲「慶祝莎士比亞戲劇節」與行的「莎氏劇展」，是臺灣參加此項劇展的唯一團隊，其他尚有英國的索爾茲伯雷劇團、愛丁堡皇家書院劇團、英國利茲大學戲劇系、德國紐倫堡青年劇團及大陸的一些知名頂尖的劇團，共襄盛舉，我有幸在上海的蘭心大戲院，看了此劇的演出，雖然上海的這次演出，臺灣的「屏風表演班」只派了三個演員去表演，其他的演員，由上海的「現代人劇社」配合支援，李國修任藝術總監，導演則由大陸方面的劉雲擔任，演出成績不比其他劇團遜色，演出時，掌聲、笑聲交織成一片，爲臺灣的劇藝成就，爭得不少的榮譽與光輝。

想不到隔了兩年，此劇又經過了一番修改，再度與本省觀衆見面，在劇場中，依然喝采聲連連……令人讚不絕口。

該劇說明書上強調：「莎姆雷特」是一齣與「哈姆雷特」無關，和莎士比亞有染的「復仇喜劇」。爲使讀者瞭解兩劇的關係，我依據手邊的一些資訊，在此，向大家作一番補充的說明。

「哈姆雷特」是英國戲劇家莎士比亞的作品，完成於公元一六〇〇年，莎氏出生於一五六四年，當時是卅六歲，正是創作的尖峰時期，他十六歲開始寫劇本，屆時正好十年，這是他寫了十年喜劇及第一部編寫的悲劇，想不到一舉成名，以後又寫出了不少世界聞名的「悲劇」。

「莎姆雷特」則是中國屛風表演班的班主李國修的作品，完成於民國八十一年，這一年，他也是卅六歲，創作劇本亦歷時近十年，不過，他寫的不是「復仇悲劇」，而是「復仇喜劇」，其中套用了「哈姆雷特」的劇情，串演「戲中戲」，能在上海、加拿大等國外演出，也眞不簡單，值得爲之一評。

二

最先把「莎士比亞」介紹中到中國來的，是英國的傳教士慕維廉，他在「大英國志」一書中，介紹Shakespeare名字給中國人，時在公元一八五六年，當時的中文譯名叫「舌克斯畢」。到一八七七年清朝派駐英國的大使郭嵩燾，在英國倫敦的蘭心戲院，看過莎劇的演出，在他的日記中，三次記述，其中有一齣，看的就是「哈姆雷特」。及後一八九四年，嚴復譯「天演論」一書，也提及莎氏，中文譯爲「狹斯丕爾」，一直到一九〇二年，梁啓超在「飲冰室詩話」中，首次將其名字譯爲「莎士比亞」，以後就大家一致通用此名，迄今已有九十三年矣。

第一個把「哈姆雷特」劇本，白話譯成中文的，是田漢，時在一九二一年，以後一九三〇年還有邵挺，用文言文譯成此劇，取名爲「天仇記」，由商務印書館出版，頗爲人欣賞，惜無法演出。迄目前爲止，翻譯此一劇本的書名，計有「哈姆萊特」、「哈孟雷特」、「哈夢萊特」、「漢姆萊脫」、「王子復仇記」、「天仇記」、「丹麥王子哈孟雷特的悲劇」……九種之多，是莎氏戲劇中文譯本，最多的一種，公認是莎氏世界聞名的「四大悲劇」之一。

最早演出此劇，是在民國五年春，由徐半梅、朱雙雲等人演出，甚爲賣座，唯是文明戲方式。比較完整的舞台劇演出，是國立劇專畢業公演，在四川江安，採用的是梁實秋的劇本，時在民國卅一年，抗戰期間。

以後，中央戲劇學院、上海戲劇學院等演出過，還改編成川劇、越劇演出過。民國八十二年，上海慶祝第二屆「莎士比亞戲劇節」時，在大舞台由越劇名伶趙志剛擔任王子一角演出時，我特前往觀賞，我覺得佈景燈光之配合極佳，尤其是父皇鬼魂出現之場面，鬼魂只在幕後出聲，人不出場，利用ＥＮＣＯ迴聲，懾人心魄，再如比劍打鬥場面，與電影上武俠場面一樣，趙志剛唱做俱佳，不愧爲國家一級演員，迄今仍令人難忘。

三

李國修於民國七十五年創立「屛風表演班」，歷盡艱辛，迄今亦已十年，「莎姆雷特」經過千錘百煉，一再修刪成爲「復仇喜劇」，也頗爲不易。我前後二次觀賞此劇，發現他戲中串戲，以「西洋性格悲劇」與「中國情境喜劇」，在舞台上交替呈現，融合一體。顯見其創作功力。唯我覺得，他喜歡運用角色在台上變換飾演者的錯失，以製造笑果，在「半里長城」中，已使用過，這種手法，一用再用，似乎不夠高明，應該另出新招才好。

再者劇中穿插一首歌曲：「王子與公主」，似乎有些不搭調，因唱公主的是飾演皇后的角色，在上海演出時，似乎不是唱這首曲子。

莎士比亞是寫了十年的喜劇後，開始創作悲劇，第一齣悲劇就是「哈姆雷特」，我盼望李國修，也不妨改變一下風格，往創作悲劇方向去努力。

再者，將劇中人名字，以演員名字顚倒，如「何篤霖」改作「何霖篤」，在「半里長城」中也使用過，今後最好也避免之，吹毛求疵之處，希國修能接納而改進之。

（本文發表於八十五年一月廿一日「青年日報」）

我看「不可兒戲」

——王爾德名劇欣賞

一

享譽文壇的英國作家王爾德（Oscar Wilde），生前擁有三個頭銜：詩人、小說家、劇作家。

他廿八歲時，出版了第一本詩集，以後開始寫小說，最後才寫劇本，一八九五年，也就是距今恰好一百年，他的「不可兒戲」（The Importance of Being Earnest），可直譯爲「認眞的重要」，在倫敦聖傑姆斯劇場演出時，是他一生中，最紅的時刻，當時他的另一劇本「理想丈夫」，也在倫敦演出，一個人同時有兩個劇本在倫敦上演，這種情況是十分少有的，也就是現在所謂「自己跟自己」在打對台。

但是他的光輝時刻，就像曇花一現，三個月後，他就因「同性戀」的關係，被關進牢獄，飽嘗鐵窗生活兩年。出獄後，從此一蹶不振，貧病交加，於一九〇〇年離開了世界，死時才活了四十六歲。

「不可兒戲」結束了他的寫作生命，也爲他一生風流，畫下了休止符。想不到相隔一百年後，他的劇本在臺灣，竟然會一演再演，我想他若地下有知，也該含笑於九泉了。

二

七十九年八月，王爾德的「不可兒戲」，就曾在臺北「國家劇院」的戲劇廳隆重演出過，我曾前往觀賞。當時由影視名星劉德凱主演，一流的演出陣容，加上國家劇院的轉台設備、古典的舞台設計，以及優美的歐洲服裝、藝術燈光的配合，是一項完美的呈現，相隔了五年，如今我在板橋的「國立藝術學院」的演藝廳，再度觀賞是劇，發現新的年輕一代，他們雖都是仍在求學的學生，但演出並不比當年的職業演出遜色，「江山代有人才出」，眞是相當可喜的現象。

「不可兒戲」的劇情，是敘述一對失散了的兄弟，若干年後變成了好友，但彼此並不知道相互的關係，因二人追求二個女孩子而牽扯出一些喜趣的場面，最後是揭穿二人身世的秘密，使兩對青年男女結成連理，喜劇收場，主題在強調，不可遊戲人間，要認眞的生活，不可說謊，騙人謊言，遲早會有被拆穿的一天。

這個劇本，是一齣浪漫喜劇，妙在它的對話，充滿機智與譏諷的口吻，嬉笑怒罵，會令人發出會心的微笑，台詞中很多「雙關語」，中文譯本余光中，譯筆流暢，尤其是把劇中人的化名，叫做「任眞」與「梁勉仁」，也就是「認眞」與「兩面人」的諧音，可謂相當的睿智與巧妙。

據指導排演的劉華老師告知，本次演出的同學全是影劇系一、二年級的同學，是爲慶祝該校建校四十週年而演出，能有此精彩的成績，正如該校影劇科主任李樹良教授所言：「令人刮目相看。」

劇中飾演亞吉能的楊竣閔、演傑克的柯叔元，以及演關多琳的邱欣慧、西西麗的劉嘉玲，四位同學，都是可造之才，未來的明日之星。

不過，略有小疵的是第一幕，傑克上場時，穿的黑色西裝與第二幕上場的黑色服裝，並沒有區別，若第一幕改穿格子西裝或其他顏色的西服，就襯托出第二幕穿的是喪服，較爲妥貼，又最後第三幕出現之關鍵道具：提包，似乎太小了一些，不可能裝入一個嬰孩，要是改換稍大一些的提包，就切合劇情多了，以上兩點，提供該劇再次演出時，能予參考改進。

（本文發表於八十四年十一月廿一日「青年日報」）

「理想丈夫」的欣賞

——國立臺灣藝術學院畢業公演

一

最近這兩年，我有機會看了好幾次國立臺灣藝術學院演出的舞台劇，從八十三年的「古早，在九份那裡」，到八十四年的「不可兒戲」，到今八十五年畢業公演的「理想丈夫」（An Ideal Husband），眞是一年比一年有進步，一齣比一齣更有水準。

回憶廿多年前，我在該校「國立藝專」影劇科授課時，看過的那些戲，與之相比，眞是有天壤之別，不可同日而語了。學生學習情緒提高了，老師們辛勤灌溉的努力，沒有白費，這一次優異的公演，就是最好的成績單，我要爲國立臺灣藝術學院的成長與茁壯道賀。

二

王爾德（Oscar Wilde）是十九世紀末英國「唯美主義」運動的主要代表，也是「爲藝術而藝術」的倡導者，他生平主張：「美，沒有功利主義價值，而且和道德無關」；他公然表明，自己是個同性戀者，結果也因此被判入獄，斷送了他美好的前程。

他生前才華橫溢，寫過詩、小說，也編寫過劇本，其中「少奶奶的扇子」，在大陸時，就被譯成中文，介紹到中國的舞台上來，電視劇、電影也都曾拍攝過。「不可兒戲」，則是近年，在臺灣始被一演再演，一般人均已看過，唯獨近在國立藝術館公演的「理想丈夫」，還是首次和國內觀衆見面，值得爲大家作一評介。

「理想丈夫」完成於一八九二年，較「不可兒戲」爲早，在倫敦首次演出，則在一八九五年，距今恰好滿一百年。當時極爲轟動，到一九一八年在紐約上演，連續十週之久，到一九三四年，再在倫敦西敏斯特劇場公演，連續演了三個月，其受人歡迎之程度，可見一斑。

「理想丈夫」的主題，在暗示要想有一個理想的丈夫，最好的辦法，就是使自己先成爲一個理想的、老式的太太，要包容丈夫的缺點，不追究他以往的錯誤，另一方面，也強調：人不能走錯一步，一旦有什麼把柄，落在別人手裡，則往往會被人緊抓住小辮子不放，逼得你痛苦不堪。劇中那位標準的好丈夫齊爾敦爵士，因年輕時，曾把內閣的機密，賣給了證券交易所的投機戶，想不到事隔多年，仍被一位薛夫人，逼得走投無路，不知如何才好。

「理想丈夫」，全劇共四幕，所有的情節濃縮在一天廿四小時內進行，若沒有相當的組合功力，無法完成如此嚴密的結構劇本，而劇情起伏，一波三折，最後竟以喜劇方式來收場，充分證明了王爾德的聰明、機智、慧黠，確是高人一等，令人敬佩。

三

國立臺灣藝術學院畢業班的同學，爲演出本劇，早在七個多月以前，就在導演邵玉珍教授的率領下，展開策劃的工作，從劇本的討論，到壓縮删短到二個半小時的演出過程中，可謂費盡了心血，加上經費的有限，迫使師生們，只能在極度艱苦的情況下，逐一克服困難，達成要求；在服裝方面，幸蒙「新象文教基金會」全力支持，才能有如此精美華麗的戲裝搭配演出，這些效果，較前次演出「不可兒戲」時，更勝了一籌。

是劇，採用了余光中的譯本，台詞方面悠美流暢，演員背唸之音調高低頓挫，也確實下了功夫，使觀衆欣賞時，不會產生難以「消化」的弊病。唯嚴格說起來，在稱呼方面，若能再加修正，似乎更理想些。

例如，爲使觀衆早一點弄清楚劇中人物之間的關係，既然父親是賈復山伯爵，兒子是高凌子爵，管家玫寶卻叫他倆，一個是賈大人，一個高大人，不如對父親改稱賈大爺，或賈老爺，對兒子高凌則叫賈少爺。還有玫寶，是齊大人的妹妹，則她叫齊夫人，不叫葛楚德，直接叫嫂子或大嫂，不更親切些嗎？

夫妻之間的稱呼，丈夫叫太太「楚德」，太太叫先生「羅伯」，不比叫「葛楚德」、「羅伯特」，更容易使觀衆明白接受。還有玫寶叫「高大人」，不如叫「高凌」，更清楚些。還有高凌又名叫「亞瑟」，不如一律叫「高凌」，統一就不容易使觀衆混淆了！

演出時，賈復山伯爵的造型，與齊爾敦伯爵的造型，二人幾乎一樣，同樣是黑鬍子，事實上，賈復山伯爵，是七十高齡，齊爾敦伯爵是四十歲，他與賈復山之子高凌子爵卅四歲是好友，在化裝上來說，賈復山應該是白髮、白鬍子才好，如今二人均是黑髮、黑鬍子，不分高低，容易使觀衆弄不清楚，這也是這次演出最大的疏失。

全劇中，除飾此一角色稍微遜色外，其餘均極稱職。其中飾演薛夫人之陳曉月，吐詞清晰、動作俐落，是一可造之材。飾演齊爾敦之羅國浩，內心戲之表達，收斂而不過火，沉穩老練，演技十分難得。縱橫全劇的高凌一角，飾演者范綱豪，氣質不凡，是一具有潛力的小生人才，前途無可限量。

總之，這一次的演出，相當「理想」，是一次難得的「理想」演出。

（本文發表於八十五年三月廿六日「青年日報」）

我在紐約百老匯看「貓」劇

一

有人說：「到紐約去，不看戲，是太遜了。」

因為紐約是全世界知名的藝術之都，如果不去「劇場」看百老匯的音樂歌劇，接受「藝術洗禮」的話，等於是入了「寶山而空手還」，尤其是對愛好戲劇藝術的人來說。

「百老匯音樂劇」，集歌、舞、樂於一體，配合華麗的佈景和特殊的劇場技術，是一般其他劇場所不易看到的，尤其，他們的戲，多半一演就演好幾年不輟，臺北的劇場，從未創造過這樣的奇蹟。

這一次我去紐約，幸運的看到了一齣轟動全球的音樂歌舞劇：「貓」（Cate）的演出，值得在此向大家細說一番。

二

看「貓」劇，我在十二年前有過一次痛苦的經驗。

那是民國七十三年的十一月間，我與一些文友，專程赴韓國去參加第四屆「中韓作家會議」，會議結束後，代表團員由旅行社安排，順道赴日本一遊。

來到日本以前，因我一生愛好戲劇，就聽說有一齣「貓」劇，正在東京演出，極爲轟動，已持續演了一年多，依然十分賣座，在臺北從未見有一齣戲，能演得這麼久，料想必定十分精彩，此次去了東京，千萬不能錯過，我們預定在東京停留的時間，只有兩天，除了一天逛「狄斯奈樂園」，一天出席旅日華文作家邀約的「文藝座談會」，看「貓」劇的時間，只有第二天的晚場，開完會，爲了怕買不到票進場，我和丹扉、朱婉清、晨曦三位女作家，特犧牲了晚飯不吃，準備餓了肚子去看這齣好戲，爲了趕路，特別共乘了一輛計程車趕赴戲院，抵達門口，是六時正，六時半演出的戲票已全部售完，樓上樓下，甚至最貴的包廂票，也不剩一張，我們徘徊在劇場門口，也不見有人來兜售黃牛票，四個傻瓜，想等待是否有奇蹟出現，盼望半途有人來退票，一直盼到過了七時多，始乘興而來，敗興而歸。

售票小姐，知道我們遠道而來，也幫不上忙，只好告訴我們說，以後，還是趁早預訂售票。「貓」劇當時的票價，最貴的是日幣一萬五千元，以一比六計算，折合新台幣是二千五百元，比那時臺灣最貴的顧正秋的平劇票還貴，最便宜的是三千元日幣，折合新台幣五百元，也相當可觀。

這樣貴的票，在東京能滿一年多，盛況不衰，可眞不簡單。

三

八十五年九月，我去紐約，聽說百老匯的Winter Garden，正在演出該劇，一到紐約立刻要我兒姜寧預訂戲票，以免再吃閉門羹，想不到紐約的戲院，有一種優待劵，分發給各大公司行號，事先只需打電話去劇場，預訂那一場的座位，屆時就可以六折優待價格，付費進場，因該劇在紐約，亦演了一年多，才有這一優待辦法，剛上演的，或才演沒多久的新戲，就沒這樣的禮遇了。

那晚爲了看這齣戲，我們四人提前吃了晚飯，六時從紐澤西州開車，估計一小時半的車程，一定可以在八時開演前提早入場，那知行駛途中進入紐約之地下隧道，塞車半小時，動彈不得，心想萬一遲到，又無法看成，爲之焦急不已，最後車抵大門口，還差兩分鐘，將車停入附近之停車場，再去付錢取票，進入戲院，半秒不差，就熄燈開演了，幸有電話事先訂位，很容易找到那四個空位，對號入座，這是我一生看戲以來最驚險的一次。

音樂劇大師安德魯·洛伊·韋伯的代表作「貓」劇，除了十二年前轟動日本外，還曾在韓國、瑞士、新加坡、香港等地演出過。三年前在香港演出時，曾有人搭飛機專程去觀賞，我期待了十二年，始達心願，看到此劇。在此，願向未看的朋友略作介紹。

「貓」劇，是一音樂歌舞劇，全劇上場的演員，全作貓的裝扮，有老態龍鍾的老公貓、老母貓，也有年輕活潑的頑皮小貓，更有一些特殊造型的公貓、母貓、肥胖的懶貓、矯捷機伶的小偷貓、及擅長變幻的魔術貓。劇情所表達的是一群生活在一個都市垃圾場內的貓世界的故事，劇中演員模仿貓喜怒哀樂的動作，及悲歡離合的表情，眞是維妙維肖，精彩絕倫，劇中有些歌舞，是群體演出，也有些是個別演唱。中場休息的時間，觀衆可以到台上去看佈景及飾演老公貓的演員，演出途中，有些貓演員，也進入觀衆席，與看戲的人，開個玩笑，打成一片，眞是老少咸宜，具有高度的娛樂成分，中間佈景的突變，像變魔術一般，使看的人，爲之訝異興奮。

近聞，此間有一些藝術經理公司，正在接洽該劇紐約演出結束後，能來臺灣演一演，何時才能實現，就難以估計了。

關鍵在臺灣的戲劇人口，始終只停留在至多一齣戲，能否連滿十天的極限，無法連滿一個月，或六週以上的演出，這樣要看「貓」劇的希望，就很小了。

（本文發表於八十五年十二月六日「新生報」）

「歌劇魅影」的欣賞

——美國紐約百老匯演出

一

「歌劇魅影」（The PhanTom of the Opera）最早，是一本小說的名字，出自法國作家賈士東·魯斯（Gaston Leroux）之手，是他於公元一八九〇年，在巴黎當記者兼劇評家時所寫的小說，是根據發生於一八八〇年法國一家最大的歌劇院，所發生的一件眞實新聞所寫。

當時，電燈電影尚未發明，巴黎上等社會的紳士婦女，唯一的娛樂，就是去歌劇院，欣賞歌劇的演出，這家最大的歌劇院，總面積佔地約三英畝之廣，擁有一極大的馬廄，可供一千五百位觀衆停放馬車之用，因當時汽車尚未發明，上流社會盛行乘用馬車來看戲，歌劇院必須要有這樣大的設備，此外尚有一湖，可供觀衆划船遊樂之用。

當年，該一歌劇院某夜演出時，突在演出正廳中懸掛之煤氣照明巨型水晶燈，突於演出途中墜落，使看戲的人不少被砸傷或壓斃，造成一驚人的社會新聞，此後，該歌劇院即傳出有「鬧鬼」之情事，賈士東·魯斯的小說，即依此寫成，公元一九一一年出版後，銷售平平，一般評論視爲偵探小說，並未予以重視。一直到一九二五年，環球電影公司購得電影版權，將之拍成「歌劇魅影」的電影，始受到世人的重視。

最近，美國紐約百老匯的Majestice劇院，正在熱烈演出該劇之舞台劇，賣座鼎盛，連滿了一個多月，我正巧去美國旅遊，以美金七十元一張票的代價，購買入場觀賞，發覺它與電影之彩色版「歌劇魅影」也不盡相同，爰特爲此間讀者作一詳細之分析與介紹。

二

先說一些「歌劇魅影」被改編拍成電影的事：

一九二五年拍成的最早的電影，那時電影還在默片時期，無對白、聲音，畫面也是黑白的，由影星郎卻乃（Lon Chaney Sur）先生主演，他在劇中化妝成一極爲恐怖的魅影，事實上是由人先帶上面具，裝出神秘的模樣，當他把面具在臉上摘下的那一刻，有不少觀衆當場被嚇得昏倒，郎卻乃因此片聲名大噪，他接連又演出一連串：「吸血鬼」、「科學怪人」等恐怖片電影，獲得「千面人」的綽號。

在這以前，戲劇只有悲劇、喜劇之分，想不到「恐怖片」，創造了更好的票房價值，於是民國廿六年，也就是公元一九三七年，中國的年輕導演馬徐維邦，仿照該劇的故事架構，拍成了中國的最早的一部恐怖電影「夜半歌聲」，由金山、胡萍主演，我小時候在蘇州大戲院看過該片，當時我只有十歲，但事隔六十年，印象仍十分深刻，八十四年在臺北電影資料館，看到鄭培凱教授蒐藏的默片「歌劇魅影」部分畫面，證實確為模仿之作，但穿插之歌曲不一樣，劇情也不完全相同，所以不能說是抄襲之作。

該片因賣座轟動，民國廿八年馬徐維邦食髓知味，又拍了「夜半歌聲」續集，男主角金山因到後方，參加抗戰去了，換了主角，續集亦因抗戰的影響，不像第一集那樣吃香，到了民國五十一年（一九六二年）香港又重拍了「夜半歌聲」，歌曲不一樣，男女主角改由趙雷、樂蒂擔綱，成績亦是平平，我因聞風評不佳，未再觀賞，到了民國八十四年，香港又聚合了張國榮、吳倩蓮三拍「新夜半歌聲」，由于仁泰導演，佈景場面，較五十多年前舊片，自是進步多了，但恐怖之造型，劇情之進展，依我來與舊片比較，興起不少「今不如昔」之感慨，經歷了半個世紀，中國電影之進步，仍只侷限於拍攝之技術，聲光佈景之變化而已。在中國電影史上，能四次拍攝的，亦僅此一部「夜半歌聲」。

到了一九四三年（民國卅二年）環球影業公司將「歌劇魅影」，重拍成了有聲有色的彩色電影，由克勞德倫斯。（Claude Ralns）和蘇珊娜佛斯德（Susanna Faster）主演，該片公映後，獲得了三項奧斯卡金像獎；最佳彩色攝影（哈爾·穆兒與霍華·格倫）；最佳美術設計（亞歷山大·高力辛與約翰·左德曼）最佳內景陳設（R·A高士曼與艾拉·韋勃），迄今已五十餘年，環球影業公司，未再第三度拍攝。

我曾蒐藏有該彩色片之錄影帶，茲將主要情節，簡略介紹一下，因該片公映時，正值我國艱苦抗戰期間，影迷們看過的也不多。

在劇中男主角柯丹，是巴黎歌劇院中的一名資深小提琴手，他暗戀劇團中新進女演員克麗絲汀，暗中聘名師指導她歌唱技藝，俾其能成爲劇團中女主角。一日，柯丹因手指硬化，琴藝退步遭劇團團主辭退，他乃想將自己創作之歌曲出售，但又未被出版商接受，雙方發生衝突，柯盛怒之下，將出版商勒斃，而自己也遭硫酸潑在臉上，變成毀容之人，匿居在歌劇院之地下湖上迷宮，苟且偷生，不時暗地出沒劇院，協助克麗絲汀練唱自己創作之歌曲，劇場因而魅影幢幢，傳出了鬧鬼傳聞，克麗絲汀在柯丹暗助下，終於登上女主角寶座，而警探此時已查出，魅影之出沒與失蹤之柯丹有關，在追捕中，柯丹不愼墜入湖中死去。

在原著小說，男主角並非是歌劇院提琴手，而是一出生於貴族家庭的「象人」，因相貌奇醜，其母親命令他，自幼就戴一面具在臉上遮醜，長大後成爲一宮廷中的小丑，藉化妝不易使人看出他的眞面目，因他有設計宮殿的天份，成爲巴黎當地一歌劇院的工匠之一，緣因貌醜有自卑感，不敢追求女孩子，心中又渴慕接近那些年輕的歌劇女伶，結果乃造成悲劇。

三

再說「歌劇魅影」，繼電影以後，如何被改編成「舞台劇」的事。

這一小說，最早被改編成舞台劇，是在一九三五年，在倫敦的一家小劇院演出。較默片電影後十年，然並未像默片電影那樣轟動，到了一九六〇年，改編爲西班牙版本，魅影變成一個對血飢渴的類似吸血鬼狂人，專門躲在歌劇院內，謀殺合唱團女團員吸血的冷面殺手。

到了一九七四年，在巴黎搖滾樂劇場演出的版本中，他又被改編成一個心裡變態專門殺害少女的騎師，眞可謂一變再變，唯因均是十足反派角色，始終引不起觀衆的共鳴與同情。

一直到一九八四年（民國七十三年）名作曲家安德魯·洛伊·韋伯（ANDREW LLOYD WEBBER）也就是「貓」劇的作曲家，他看中了這個故事，決定依據原著重新編曲、再創作，他找了查理斯·哈特（CHARLES HART）合作編寫歌詞，將一些世界有名的樂曲，均編入劇中演唱，因爲背景是歌劇院，自然可以演唱一些世界聞名的歌劇名曲，在舞台設計、燈光變化方面，也作了一些新的突破，前後經過了兩年的艱辛籌備，於一九八六年八月十八日，在倫敦先彩排，到十月九日，始在HER MAJESTYICE劇院正式公演，成爲英國倫敦有史以來，最成功的歌劇。

那知樹大招風，一九八七年被天主教民謠作曲家雷伊·瑞普控告，說該劇的主題，抄襲自一九七八年他所創作的吉他樂曲：「直到你出現」。不過此項控告，被法院駁回，因爲瑞普無法證明，兩首曲子有明顯的雷同之處，目前仍在上訴，繼續打官司中。

一九九二年，安德魯·洛伊·韋伯英國作曲家，因接續編寫歌劇：「歌劇魅影」外，其所作曲之音樂劇，如「貓」、「萬世巨星」、「星光列車」等，均轟動全世界，獲致無數音樂大獎，獲得英國女皇頒予爵士勳銜，以肯定其在藝術上的優異表現。

去年，一九九五年「歌劇魅影」曾在香港演出，臺北有些人專程搭了飛機，事先預訂了戲票去專程看戲，歸來後，都說值回昂貴的票價，我因有事無法分身，未有去看。

如今八十五年這一次我去紐約，以美金七十元一張的票價，買了三張票，與兒子姜寧、女兒姜蜜一同觀賞，加上停車三小時的停車費，及付開車出來的小費共二十元美金，所費折合台幣六千三百餘元，可說相當可觀，至於自己開車來回三小時的汽油費，還不計算在內。雖說所費不貲，但觀後我也要說一句：「值得看，值回票價。」

四

紐約的美琪MAJESTICE劇院，位於紐約的四十四街，是一頗有悠久歷史的劇院，因該劇演出，尚未超過一年，故未有優待劵發售，一律照定價售票，不過，客滿時他們也有出售最便宜的「站票」，每張美金十五元，要站在最後一排看，也不能站在中間走道看，以免擋住買票觀衆的視線，該劇中間有休息時間，可以去場外喝咖啡，但不能到舞台上去，中間休息時，是下幕的。

舞台劇的情節，有些地方，是與電影不盡相同的。

他並未交代，男主角顏面如何才見不得人，必須戴面具，但雖隱居於歌劇院之地下密室，但單戀劇團中之女高音克麗絲汀，他自己會唱歌，教導她歌唱的技巧，並在劇院內設下許多機關，裝神弄鬼，營造出恐怖駭人的氣氛，以威脅劇場經理讓克麗絲汀當劇中的女主角，甚至不惜殺人，使劇場鬼影幢幢，人皆稱之爲「魅影」，克麗絲汀因受其教導，及暗中協助當上女主角，起先有些害怕，但日久天長與之相處，漸生情愫，一日，趁其彈琴時不備，奪下面具，始有懼怕之感，躲避不再與之接觸，克麗絲汀在劇團中，另有一唱男高音之同事，對之亦追求甚烈，終於論及婚嫁。事被「魅影」所悉，在自卑、自憐、妒嫉、憤怒充斥心中，情感的糾結驅使下，使他綁架了兩人，脅迫對方讓克麗絲汀嫁給他，劇場驟失男女主角，秩序因之大亂，大批軍警壓境，造成正廳大吊燈之墜落，最後，魅影在克麗絲汀的哀求下，釋放了他們，自己則跳落湖中，永沉水底。舞台劇演出時，完全採用倒敘手法。

若干年後，該歌劇院已破舊朽壞，開始是一拍賣場面。首先拍賣的是當年演出此劇的一張「海報」，接著是劇中的一個能發出音樂類似音樂匣的道具，然後是三個骷髏頭骨，也就是當年演出此一歌劇時，二男一女三位主角的頭骨。最後拍賣的東西，是一龐然大物，上面有布幔覆蓋著，觀眾不知葫蘆裡賣的什麼藥，拍賣人一聲令下，但見台上火光一閃，覆蓋布幔拉開，原來是一盞有近百只燈泡的豪華水晶吊燈，衆燈齊亮，徐徐自台上升起，移至觀衆席中間，再緩緩上升，一直到觀衆席的中間大廳正中，這時舞台上，拍賣人隱去，變成歌劇院大舞台，正在演出豪華歌劇中的一幕，演唱人員近百人，還有巨象登台，完全是非洲的風光，我看過不少舞台劇，第一幕有這樣的變幻萬千，還眞是第一回見到。

原來歌劇院中正廳懸掛之豪華水晶大吊燈，在電影中是一重要關鍵道具，也是男主角爲報復搗蛋，故意爬上此一吊燈，將之鋸斷鋼鍊，任其掉落在觀衆席上，造成群衆失控亂成一團。電影上如此拍，鏡頭也只拍到吊燈掉下，不能眞的造成觀衆傷亡，而舞台劇若眞任該吊燈掉落，是不可能的事，如今他們反過來，由「掉下」改成「上昇」，直是巧妙而又智慧的安排。

再如「歌劇魅影」中，戴面具的男主角，藏身之處，是在劇場舞台下有一秘密通道，可以摸索走至一湖。在湖邊搭乘一小舟，再行駛至一秘密的迷宮，這在電影上，拍攝這樣的場景，並無多大困難，如今在舞台上如何演出這樣一場戲呢？啊！眞是神妙極了，我們但見先是男主角牽引著女主角的手自舞台中間，循一台階，走入舞台下面而消失，但很快的，接連又看見兩人在舞台上方之最高處循一樓梯緩緩往下走，此一樓梯約二層樓高，當兩人抵達最後一級時，舞台表面上利用乾冰，升起一層霧，猶如一平靜的湖面，湖面上閃爍出現幾十盞白色的小燈泡，猶如天空上的繁星一般，這些繁星自湖中漸漸上升，始現出原來是不少枝花園中的路燈，這時男女主角已登上一隻小船，自湖面上緩緩划來，然後棄舟登岸，進入迷宮。那如詩如畫的景色，使我久久難忘，猶如進入夢的仙境一般，我沒有想到舞台設計究竟是如何克服種種困難，製造出這一場奇景來的。

原來當年一八八〇年巴黎歌劇院發生此一魅影的駭人新聞，該劇場舞台下層，確有通道有舟可划向一個湖，而該歌劇院之總面積甚大，建築物內有兩個芭蕾舞學校，建築物外有一千五百間馬廄，俾供一千五百位觀衆停馬車之用，演出時雇用之工人，也超過一千名員工，聞如今，此湖及馬廄仍存在，可供遊客參觀訪問。舞台劇的「歌劇魅影」，能在舞台上搬演此情此景，眞令人不得不嘆爲觀止。

全劇除上述兩項特色外，每一幕出現之歌劇舞蹈場面，多達百餘人，一會兒是古裝宮殿，一會兒是時裝寬形樓梯，還有非洲土人等裝扮，變化之快，出乎看戲人的想象，若干場景，更是電影版本上所沒有的。

再值得提出的是飾演魅影的男主角大衛琴奈（Davis Gaines）與飾演女主角克麗絲汀的泰西綺娜（Tracy Shayne）高亢嘹亮的歌喉，眞可說是珠聯璧合，聽來繞樑三日，使我這不懂音樂的觀衆，也聽得如痴如狂。

五

我認爲「歌劇魅影」舞台劇之所以能轟動國際，自一九八六年開始，在各地連演經年歷久不衰，主要關鍵是融歌唱、音樂、舞蹈三者，結合成一體，作最完美的呈現，加上布景變化別出心裁，還有就是他與電影版本之情節並不完全相同，魅影也並非是一歹角、殺人兇手，他是一名歌者，他的音樂造詣，高於女主角，他親自教導她唱歌的技藝，克麗絲汀不計較他臉上戴的面具，日久天長的接觸，發生了眞的感情，最後在逮捕中，他犧牲自己成全他人，實在令人同情………。而劇中演唱他所創作的歌曲，加上克麗絲汀甜美的演唱，飄蕩在空間，令人留連難忘。

我盼望該劇能有來台演出的一天，在中正紀念堂的國家劇院，再一次聆聽那美妙的歌聲。

（本文發表於八十五年十一月廿九、卅日「青年日報」）

「歌劇魅影」與「夜半歌聲」

一

最近，在「新生副刊」上，拜讀了楊震夷先生的「抗戰時期顯晦的心聲」及張靚蓓女士的「藝術凝聚的恐怖氛圍」二文，勾起了我不少童年時的回憶，同時又在電影院裡看了張國榮、吳倩蓮主演、于仁泰導演的「新夜半歌聲」及在國立電影資料館放映，由金山、胡萍主演，馬徐維邦導演老的「夜半歌聲」，這兩部相隔了五十八年，取材自同一故事的電影，不免興起了我「不勝今昔」的感慨，經歷了半個世紀的中國電影，究竟有多少進步可言。

二

「夜半歌聲」這部電影，首次放映，是在民國廿六年的二月間，那時我只有十歲，由母親、阿姨帶領我一起去在蘇州大戲院看的，只記得我當時年紀很小，每當劇中被毀容的宋丹萍，揭下臉上的黑布，以潰爛的鬼臉出現時，我都嚇得用手矇住臉不敢看，鬼臉消失時，才敢張眼繼續看下去，當時這部片子，因有動人的主題曲，及好幾首動聽的插曲，票房上造成極大的轟動，記得我家特地買了張主題曲的唱片，翻覆聆聽，也學會了唱這支不易唱的「藝術歌曲」。

也就在這一年的七月，抗戰爆發了，由於該片拍攝成功，執導該片的馬徐維邦聲名大噪，接著拍了好幾部恐怖片：如「古屋魅影」、「冷月詩魂」、「痲瘋女」，我在上海都有看過，覺得看他的電影，雖害怕，卻十分刺激。我幼年經常隨母親看電影，因她在學校教書是一影迷。

相隔二年後，他接續拍了「夜半歌聲」續集，劇情說宋丹萍跳水後未死，被人救了起來，與愛人又重敘舊情，因主角換了人，破壞了原劇的悲劇氣氛，賣座就大不如前。相隔了相當時日，到了民國五十一年，趙雷、樂蒂，在香港又重拍了「夜半歌聲」，結果，其成績也不如第一次拍的那部電影。如今，是第四度「老片新拍」，只是佈景服裝拍得豪華些，火燒場面壯觀些，恐怖懸疑緊張的氣氛，歌曲的淒怨悲壯，均大不如前，使老一代的影歌迷看後，眞是感嘆萬千。

三

研究電影的鄭培凱教授說：「夜半歌聲」是一九二五年好萊塢默片時代：「歌劇魅影」（Phantom of the Opera）的翻版。不過他說雖是西片的翻版，但無損其藝術成就，翻得好，且在許多方面，超越了承襲的模型，鄭教授並在電影資料館，放映了幾段默片時代「歌劇魅影」的畫面，給大家看，證明「夜半歌聲」確有部份情節，與「歌劇魅影」相類似，但也有不少地方，是不盡相同的，說不上是抄襲或模仿。

其中，情節的安排，在我浸潤於戲劇編寫領域四十餘年後，重新觀賞該片，發覺當年年僅卅二歲的馬徐維邦，能導出這樣一部經典之作，它能禁得起時間的考驗，仍被現代的專家學者，予以藝術上肯定，是決非偶然的。

如劇中以硝鏹水將男主角毀容的情節，就非常突出，是「歌劇魅影」中所沒有的。記得當年，社會上，有一些人，就模仿此一「怪招」對負心的「愛人」，施以同樣的「毒手」，使人人產生害怕的心理，不能隨便對「愛情」當作「遊戲」一樣玩弄，也產生了相當的社教意義。

再如劇中的那一首主題曲，其歌詞配合音效、畫面，可見導演確是下了大的功夫，誠如楊震夷先生所言，「風凄凄、雨淋淋、花亂落、葉飄零」完全有畫面配合「人兒伴著孤燈，梆兒敲著三更」，專門安排一敲更人出現，以打更聲替代音樂過門，太令人記憶深刻，唱片上也保留了此一過門。最難得的，是歌詞中，他描述劇中歌唱者的心情：

「姑娘啊，你是天上的月，我是那月邊的寒星；
你是山上的樹，我是那樹上的枯藤；
你是池中的水，我是那水上的浮萍；

畫面以寫實的手法，優美具體的呈現，而歌詞中：

我願意做那墳墓裡的人，埋葬世上一切的浮名；

我願意學那「刑餘的史臣」，盡寫出人間的不平。

則以黑影歌唱代畫面，用側面表達的手法。

到了後面：

用什麼來表我的憤怒？惟有那江濤的奔騰；（有江濤奔騰的畫面）

用什麼來慰你的寂寞？惟有這夜半歌聲，夜半歌聲……（回到歌者身上，餘音繚繞。）

這主題曲，雖長了一點，但導演在每一句歌詞上，都投注了大量心血，其能扣人心弦，歷久不衰，雖一度被禁唱後，仍佇留於人們的腦海心田，……再聽如今的那些流行歌曲，眞是「望塵莫及」，無法與之論比。

四

時代在不斷的演變，從老的「夜半歌聲」到「新夜半歌聲」，……我們的電影製片家，導演、演員、音樂作曲家，甚至化妝師，攝影師，不妨把兩部片子，放在一起，仔細的比照觀賞，作一番深入的探討，相信中國的電影，定能因此再往前邁進一大步。

（本文發表於八十四年八月十四日「新生報」）

附註：本文發表後，曾由報社轉來讀者來信，向我索取「夜半歌聲」之歌詞全文，特將該歌曲譜轉載於後。

夜半歌聲

田　漢詞
冼星海曲

Ab調3/4

0 0 0 | 6 — · | 1 — 6·5 | 3 — · | 5 — · |
空　庭　飛着　流　螢，

6 — · | 1 — 2·1 | 2 — 6 2 | 1 — · | 1 — 161 |
高　臺　走着　狸　鼪，人　兒伴着

2 — 3 | 2 — · | 2 — 121 | 2 — 3 2 | 1 — · |
孤………………燈，梆　兒敲着　三………………更……………

1 — · | 0 0 0 | 3 — 3 | 3 — · | 6 — 5 |
………………。　風　淒　淒，雨　淋

6 — · | 3 — 2 3 | 2 — · | 2 — 2·6 | 1 — · |
淋，花　亂　落，葉　飄　零，

01 11 23 | 3 — 3 | 2 — 612 | 3 — 2 1 | 3 — · |
在這漫漫的　黑　夜　裏，誰同我　等　待着　天……………

3 — 612 | 3 2·1 | 2 — 1 | 6 — · | 0 0 0 |
明；誰同我　等　待　着　天……………　明；

0 6 5 3 5 6 5 6 | 1 5 0 5 6 1 | 1 1 6 2·3 | 2 — — | 3·2 1 2·3 |
我形兒是鬼似的　猙獰；心兒是　鐵似的堅　貞！　我祇要一息

1·6 1 — | 1 1 2 3 2 1 | 6 — 5 3 | 5 — 0 | 0 0 0 |
尚　存，誓和那封建的　魔　王抗　爭，

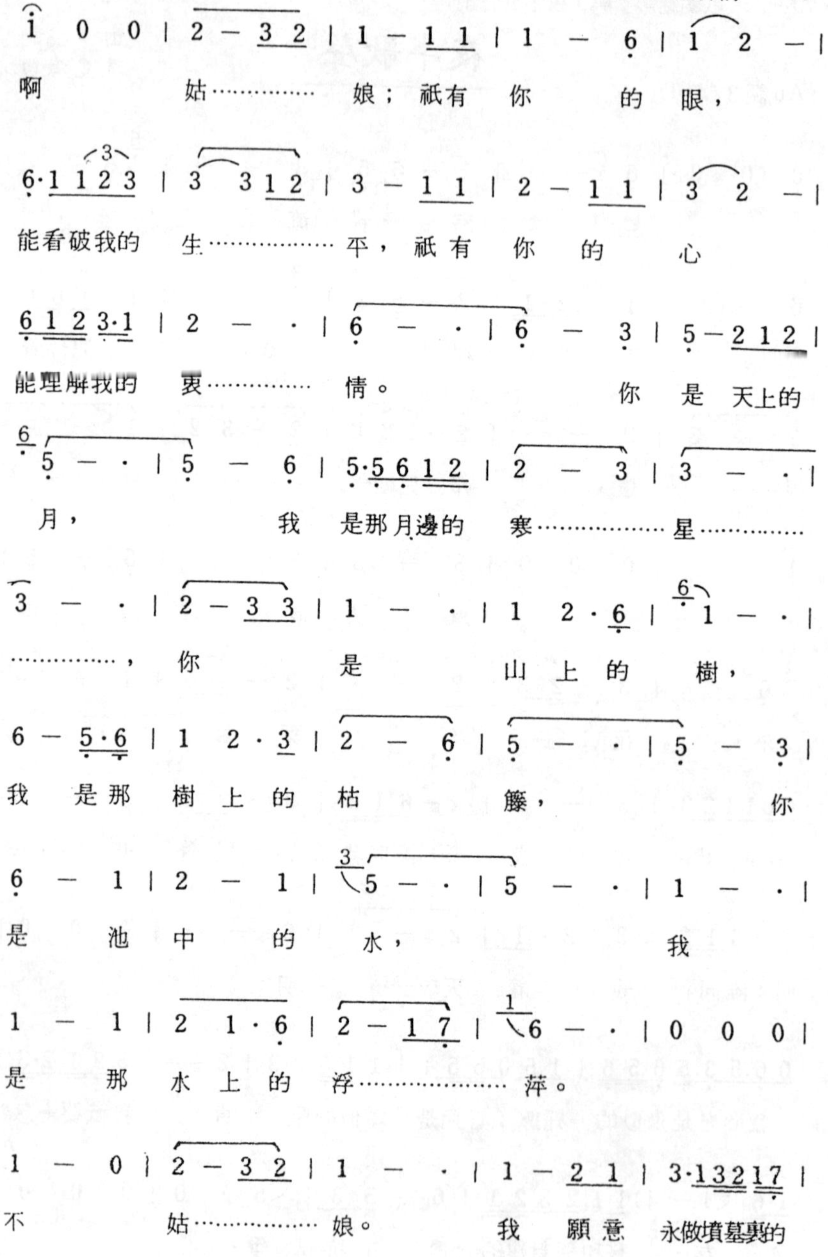

1̂ 0 0 | 2 — 3 2 | 1 — 1 1 | 1 — 6 | 1 2 — |

啊 姑…………娘；祇有 你 的 眼，

6·1 1 2 3 | 3 3 1 2 | 3 — 1 1 | 2 — 1 1 | 3 2 — |

能看破我的 生……………平，祇有 你 的 心

6 1 2 3·1 | 2 — · | 6 — · | 6 — 3 | 5 — 2 1 2 |

能理解我的 衷…………情。 你 是 天上的

5 — · | 5 — 6 | 5·5 6 1 2 | 2 — 3 | 3 — · |

月， 我 是那月邊的 寒……………星…………

3 — · | 2 — 3 3 | 1 — · | 1 2·6 | 1 — · |

…………， 你 是 山 上 的 樹，

6 — 5·6 | 1 2·3 | 2 — 6 | 5 — · | 5 — 3 |

我 是那 樹 上 的 枯 籐， 你

6 — 1 | 2 — 1 | 5 — · | 5 — · | 1 — · |

是 池 中 的 水， 我

1 — 1 | 2 1·6 | 2 — 1 7 | 6 — · | 0 0 0 |

是 那 水 上 的 浮………………萍。

1 — 0 | 2 — 3 2 | 1 — · | 1 — 2 1 | 3·1 3 2 1 7 |

不 姑………… 娘。 我 願意 永做墳墓裏的

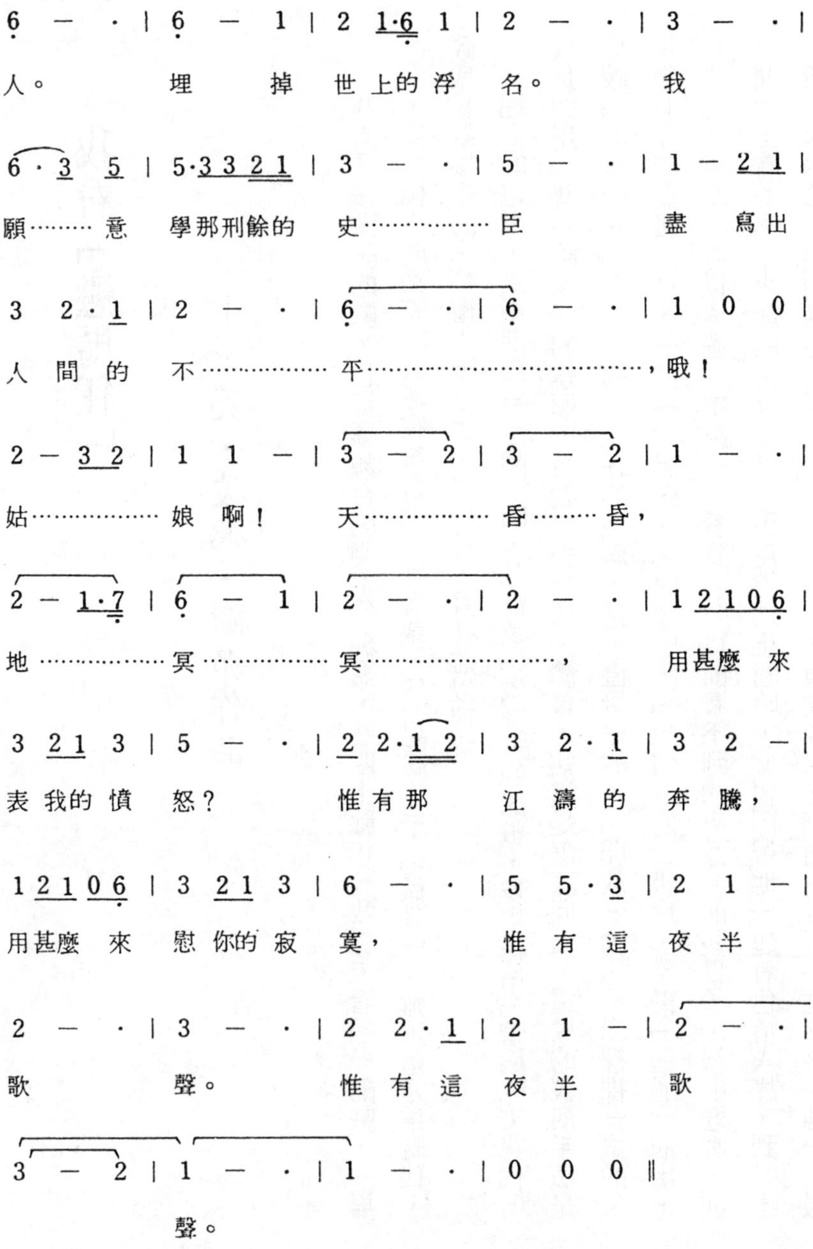

6 — · | 6 — 1 | 2 1·6 1 | 2 — · | 3 — · |

人。 埋 掉 世上的浮 名。 我

6 · 3 5 | 5·3321 | 3 — · | 5 — · | 1 — 21 |

願……意 學那刑餘的 史……………臣 盡 寫出

3 2·1 | 2 — · | 6 — · | 6 — · | 1 0 0 |

人 間 的 不……………平………………………………，哦！

2 — 32 | 1 1 — | 3 — 2 | 3 — 2 | 1 — · |

姑……………娘 啊！ 天……………昏……昏，

2 — 1·7 | 6 — 1 | 2 — · | 2 — · | 12106 |

地……………冥……………冥……………………， 用甚麼 來

3 21 3 | 5 — · | 2 2·12 | 3 2·1 | 3 2 — |

表 我的 憤 怒？ 惟有那 江 濤 的 奔 騰，

12106 | 3 21 3 | 6 — · | 5 5·3 | 2 1 — |

用甚麼 來 慰 你的 寂 寞， 惟 有 這 夜 半

2 — · | 3 — · | 2 2·1 | 2 1 — | 2 — · |

歌 聲。 惟 有 這 夜 半 歌

3 — 2 | 1 — · | 1 — · | 0 0 0 ‖

聲。

我看「戀馬狂」

——英·彼德·謝弗作品

我看了一輩子的戲，也從事舞台劇劇本的編寫，歷四十餘年，我從未看過一齣戲，一男一女，穿了極少的褻衣，公然在舞台上大庭廣衆，衆目睽睽之下「做愛」，難道這是這時代觀衆喜歡接受的「藝術」嗎？我思之再三，實在難以理解。

過去的電影，是不准露「三點」的，凡涉及「做愛」的床戲，多半採用「暗場」來交代，或是運用一些「暗示」的鏡頭，令觀衆去想像、體會，知道是怎麼回事。這樣的表演手法是比較「間接」、「含蓄」的。現在的戲劇，是「直接」的、「開放」的、「赤裸裸」式的。電影有了限制級以後，一些「大膽」、「誘惑」、「色情」的三級片，獲得「通過」演出，一些青年男女，可以透過「電影」，看到許多以前看不到的東西。前些日子，報上登載一則新聞說：有一個十六歲的岳姓少年，因爲讀幼稚園時，父親即帶他一起看色情A片，到了十六歲，他過於早熟的性慾需要，在六年級時，即與女同學在廁所內進行「性交」，他一天最高的做愛紀錄，達七次之多，如今擁有十名固定的「性伴侶」，這些大小「老婆」，輪流由他挑選上床。我想，以這一新聞，若改編成劇本，一定可以比「戀馬狂」更轟動，更賣座。

「戀馬狂」（Equuo）這齣戲，是英國劇作家彼德．謝弗（Peter Shaffer）的作品。該劇廿年前（一九七四年）最先在紐約演出，立即轟動，連演了一千兩百場，次年獲得「東尼獎」。記得十幾年前，有人去紐約，看過該劇的演出，回來後，曾告訴一些愛好戲劇的朋友說，他在紐約看了一齣戲，其中有一男一女，全裸脫得精光，公然在舞台上表演「妖精打架」。他問我們，臺灣的戲劇，是否落後了？大概沒人會敢演這樣的戲？想不到，如今民國八十三年，這一齣戲，竟然會在「國家劇場」演出，不同的，只是演員沒有脫得一絲不掛，男的穿了短褲，女的還戴了奶罩，也許有的觀衆會認爲演得還不夠開放，要脫光看得才過癮！

「戀馬狂」的故事，很簡單，先是以一個十七歲的少年，一夜間刺瞎了六匹馬的眼睛，這一怪異行爲，揭開序幕，然後以心理醫生探索其原因，解開謎團。編寫的技巧甚爲高明，以心理治療來使大家明白「究竟」，到最後，才揭開謎底，原來該少男，受不了另一成熟女子之逗引，先要他陪同一起去看色情A片，挑起他的情慾，再引他到馬廄去「巫山雲雨」，那少年因內心駭怕馬廄的六匹馬，看見了他的醜行，乃刺瞎了那些馬的眼睛。

人類的生活離不開「性」，但是若把「性」的行爲，公開呈現給大家看，緣於人類好奇的心理，大家都願意看，但這究竟是不是「藝術」呢？也許有人說：繪畫可以看裸體，戲劇直接演出「床戲」，又有什麼不可以呢？

我覺得「含蓄」總比「赤裸裸」要美一些，穿衣服的比脫光的要文明些。在臺灣已有了十六歲的少年，娶了十個老婆的事實，凡事還是收歛些比較好，不知可有人同意？

（本文發表於八十三年五月五日「大成報」）

「盲中有錯」的欣賞
——英·彼得·謝弗作品

一

這是一齣很奇特的戲。

戲台上演了一半，突然停電了，台上漆黑一片，演員在黑暗中摸索，走路撞到了椅子，調酒的送錯了杯子，趣味笑料，亦由此而產生。

「盲中有錯」是根據英國劇作家彼得·謝弗（Peter Shaffer）於一九六四年完成的「黑色喜劇」（Black Comedy），由青年導演黃惟馨加以改編並執導。這是一齣因：錯誤、充闊、巧合等諸種因素湊合在一起的喜劇，在都市中演出，會給人帶來一陣會心的微笑。

有人說：這齣戲的情節構思，是從中國的平劇「三岔口」移植而來。我覺得此戲，雖亦靠摸黑演戲來製造氣氛、笑料，但基本架構，並不相同，因「三岔口」的情節簡單，二人在黑暗中打鬥而已；而「盲中有錯」出場的人物有八個之多，有多種情節，糾合在一起。

我想起四十多年前，大概是民國卅八年冬吧！我曾在軍中演出過一齣舞台劇，劇名叫「天花亂墜」，誰人編劇，已不復記憶了。劇情大致與此相彷彿。故事敘述一對夫婦，丈夫好吹牛、說大話，家境貧困，爲了女兒交了個男友，要帶他父母來造訪，乃向隔壁鄰居借來一些華麗的家具充場面擺闊；屆時，貴客來臨，男主人大吹法螺，說得天花亂墜，客人信以爲眞，決定彼此結爲親家。正高興萬分時，忽鄰居來搬回家具，西洋鏡拆穿，客人搖首離去，女兒痛哭不已，這對夫婦還互相指責，在不肯認錯中落幕。該劇唯一與「盲中有錯」不同的是，戲不在黑暗中進行。

二

「盲中有錯」此次演出是台北市政府主辦，爲慶祝「台北市戲劇季」而演出的唯一的國語舞台劇，由畢業於文人及國立藝專影劇科的同學組成的「普羅藝術劇團」成立以來的首次公演。他們花了相當長的時間籌備與排演，演出成績是在一般水準以上的，尤其是舞台造型的設計、家具的形式、樓中樓的裝置，在在都顯示了年輕人的活力與突破傳統的創意。茲就我觀賞後的一些感受，提出如下的一些淺見，供演出單位參考。

首先，就劇名來說，我覺得原名「黑色喜劇」較「盲中有錯」爲切題。黑色含有黑暗、矇騙、黑箱作業等涵意，具有諷刺意味。事實上，劇中男主角米基羅，借他人家具來充闊，是一種詐騙行爲，他不但騙富翁蘇比富，也騙未來的岳丈，對好友蕭新衍也是矇騙，愛情方面，另結新歡，對舊情人也是欺騙，有了新女友，對老情人猶藕斷絲連，更是十足的欺騙，他是十足的黑色人物。現改爲「盲中有錯」，全劇無一盲人，只是保險絲斷了，電燈不亮而已，並非眞的電力公司停電，或男主角故意使之「停電」；所以說，用「停電症候群」的副標題，也是欠妥貼的。

劇中人名改編時。加以中國化，並賦予人物特色的凸顯，是十分可取的，如畫家稱爲米基羅、富翁稱爲蘇比富、舊情人稱爲連夢露，讓觀衆可以由人的名字來入戲。至於對話方面，改爲中國式，如打電話「一〇四」問水電行……等，十分口語化。而水電匠所說的一些哲學意味語言，保留了原著的精髓，也增添不少高級的趣味，是改編者黃惟馨的成功處。

至於導演的手法，也清新可嘉。有些摸黑進行的動作，設計得很自然，不顯得牽強；設計蕭新衍女性化的動作，也相當討好；尤其安排了一場白小姐喝醉後的歌唱跳舞，調和了全劇活潑的氣氛，相當成功。總之，留學美國獲戲劇碩士的黃惟馨導演，最近接連導演了兩齣外國的名劇，顯然的，「盲中有錯」成績要高過另一齣「造謠學校」；這其中演員成熟的演技，幫了她不少的忙。

「盲中有錯」此次演出，最令人喝采的，是舞台造型設計十分突出搶眼，如樓上的壁畫、台正中的嘴唇型沙發，及如人體模特兒的掛衣架、如百合花的單人沙發，在在呈現了光芒。較弱的是燈光設計。既然全劇是大半在摸黑中演出，又不能讓觀衆全然看不見，是很困難的一件事。但劇中穿插了有三次見光的情況；第一次是郝將軍以打火機來照明，第二次是蕭新衍以火柴來照明，第三火是水電工以手電筒來照明，負責燈光設計的，卻未運用「聚光燈」照射來配合強調，是一種失策。

最後，我要說的是演員。我覺得男女主角劉人華演的米基羅、陳逸萍演的郝瑪麗都十分稱職，聶秀瓔的白小姐相當突出，侯剛本的娘娘腔以及曹務銓的水電工，充分發揮了優異的演技；尤其是曹務銓，老練沉著，是一有經驗的舞台演員。白繼祥飾的連夢露較弱，好像完全沒有把「摸黑」的感覺演出來，尚待磨練。

盼新成立的「普羅藝術劇團」再次演出時，能更上層樓。宣傳單上寫：「有對人性極度揶訣與嘲諷」之文句中，「揶訣」是錯誤的，應該更正爲「揶揄」才對。又，演出特刊中，有「導演手記」、「演職員表」及「演員簡介」，獨缺「劇情介紹」，這是美中不足之處，希望今後能改進。

（本文發表於八十六年八月六日「青年日報」）

「怒目回顧」評介

——英・約翰・奧斯本作品

「怒目回顧」（Look Back in Anger）是英國新潮劇作家約翰。奧斯本（John Osborne）的作品。這是一齣浪漫主義的社會寫實劇，描述憤怒的年輕一代，對現實社會的諸多不滿與控訴。

奧斯本是英國戲劇界近年來崛起傑出的劇作家之一，他與品特、辛浦森、德蘭尼、比漢等齊名，除了舞台劇，他也曾編寫過電影劇本，「湯姆瓊斯」一片，曾在好萊塢電影界，獲得過甚高的評價。

「怒目回顧」，是他最早期的作品，當時，他只有廿六歲，因他曾受過高等的教育，卻困囿於二次大戰後，英國生活經濟的不景氣，做一舞台演員，由於年少氣盛，無法滿足現況，遂形之於文字，編寫成「憤怒的回顧」，他對當時英國君主政治的愚昧，以及統治階級的遲鈍，大肆抨擊，散發出一股年輕人的「初生之犢」的銳氣，因此該劇推出後，各方佳評潮湧，使他聲名大噪，該劇先後曾在倫敦、巴黎、紐約、柏林等地巡迴演出，也引起觀衆如痴如狂的狂熱叫好，唯在臺灣來說，這一次政治大學，讓它來參與「八十年大專話劇比賽」，還是首次的呈現。

全劇只有五個人，在一個簡陋的佈景中，演出二小時以上的劇情，主要的情節，是描寫一對年輕的夫婦，因著丈夫的志不得伸，終日牢騷滿腹，坐立不安，因而使太太難以忍受，彼此之感情發生了變化，眞所謂：「貧賤夫妻百事哀」，劇中的男主人吉米．波特，事實上，就是劇作者自己的寫照，他娶了個上校的女兒，結婚時，心理上就有一股壓力，婚後，找不到一份好的工作，淪落到與朋友合夥輪流在街頭守著一個「糖果攤」，來維持生活，他內心壓抑的苦悶，只能藉著去陽台獨自吹奏喇叭來發洩，眞猶如一位大丈夫，被關在籠子裡，作困獸之鬥。

及後，太太受不了他的整日嘮叨、折磨，只好黯然離去，想不到的是他失之東隅，收之桑榆，他太太的好友海倫娜，卻對他青睞有加，自願投懷送抱，做他的情婦，塡補他心靈的空缺。

但愛情並未能改變他對現實的不滿，再者太太的突然回來，又使他遭受到道德情義上的譴責與愧疚，全劇雖在情婦的離去，太太的重回懷抱中結束，但帶給觀衆沈重的窒息壓迫感，則是久久難以袪除的。

政治大學演出本劇，無論燈光、佈景、配樂，可說都做了高格調的呈現，而導演掌握全劇之氣氛與節奏，也相當圓渾而成熟，可說是此間演出西洋戲劇以來，少見的水準以上的作品。

奧斯本原劇本中，對當時英國社會制度的不滿，以及人在現實生活中所遭遇的傷害，藉著劇中人傑米·波特的對話與獨白，作著盡情的發洩與攻擊，本次演出時，製作人已略加刪修抽離，使看戲的觀衆，不致有沈悶或疏離的感覺，這是値得稱道的措施，我盼望其他學校演出「西洋戲劇」時，亦能作同樣的潤飾，這是有其必要的。

最後，我要談的是劇中五位同學的演技，飾演波特的呂如中，是全劇的靈魂人物，十分突出，肢體動作亦十分自然，只是台詞念得太快，沒有給觀衆「聽後消化」的時間，因此，減弱了劇力，這是十分可惜的。

趙伯迪演的艾麗，渾厚自然，利用背部及若干小動作，來表現內心的衝擊與掙扎，十分成功，不亞於任何老練的職業舞台演員。

德淑芬飾演的海倫娜，前後的轉變，是劇作者所要的強烈對比，她表演得瀟脫而恰到好處，其演技之精湛，與艾麗互相媲美，毫不遜色，只是對於一個身爲「女伶」的身分，未能作更深入的刻畫，略覺遺憾。

張家魯演的柯立夫，相當稱職，發揮「綠葉」襯托的功能；王芝方演一退伍的上校軍官，氣質上的呈現，稍微弱了一點，限於戲也不多，難以發揮。總之，政治大學「怒目回顧」的演出，是令人「刮目相看」的。

（本文發表於八十年六月七日「大成報」）

古早在九份那裡

——美·桑頓·懷爾德作品

一

八十三年六月間，一個忽晴忽雨的下午。

在國立藝專任教的劉華女士，專車來接我、王藍夫婦、邵玉珍老師、孟繁美女士等往板橋藝專的影劇館，觀賞該校戲劇科同學的畢業公演：「古早在九份那裡」舞台劇。

回憶廿四年前，我也曾在該校影劇科擔任教職，如今舊址重遊，頗有今昔大不相同的感覺。校舍、教室，甚至演出戲劇的禮堂，較諸以往，眞是富麗堂皇多了，一些年輕活潑的學生，親切殷勤的接待，尤感溫馨。影劇科的李樹良主任，以及前輩教授鄧綏甯先生，親自迎迓，更有寵幸萬分的感謍。

該劇曾於校內「實驗劇展」中演出過，榮獲最佳演出獎，此次畢業公演後，聞不久的將來，將在台北「國家劇院」再度演出，供社會各界人士觀賞，值得在此向未有看過此劇的朋友，作一番評介。

二

「古早在九份那裡」，是由陳玟伶、施芳婷兩位同學，根據美國的知名戲劇家桑頓·懷爾德（Thornton Wilder）的名著：「小城風光」（Our Town）所改編。

不同的是改編者，將全劇的時空背景，移至臺灣光復前一年至民國四十五年之間。在這十餘年間，九份這一基隆與臺北之間的山區小城，因著發現金礦，受到官方民間的重視，人民的生活也由貧瘠而變得富有起來，但到了光復以後，九份的金礦開採，逐漸步入衰退期，至民國五十六年，大量開採作業已告結束，如今該地雖經衛星探測，仍埋有大量黃金，但因國際金價下跌，工資高漲，加上開採技術等問題，已停止不再挖掘，使當地的人民生活，由絢麗繁華又回復到寧靜平淡下來，世事之滄桑變幻，眞是令人無法捉摸。

改編者爲求適合此一時空之變動，大部分台詞走鄉土路線，以本省的口白來講說台詞，原著中的人物身分，也作了部分的變動，如劇中兩戶主要的人家，一家是醫生，一家是報社的編輯，如今，醫生之職業未動，報社編輯則改成了打鐵匠。原著中一些外國教會的情節，改爲臺灣民間結婚等禮俗來替代，劇中所討論的話題，則仍與人生不可抗拒的悲劇性，有相當密切的關聯，原著中小鎮溫馨的氛氛，改以悲沈嚴肅的情懷，來作闡述。

在佈景方面，以寫實的景觀來呈現，整個舞台面，不僅山景、屋舍層次分明，內外景的轉動變換，尤其匠心獨運，其磅礡逼真的氣勢，不亞於電影實景之拍攝，眞是近年劇壇所少見，相當的難能可貴。

「古早在九份那裡」的演出，是成功，可以肯定的。

三

懷爾德的「小城風光」一劇，在紐約百老滙，首次演出，是在一九三八年，整整演了兩年，盛況空前，轟動一時，嗣後又續在舊金山、洛杉磯、波士頓等地公演，深獲各界好評。

一九三八年該劇獲「普立茲文學獎」，一九五二年美國文藝學會又頒給作者「金章獎」，我觀賞「古早在九月那裡」後，特地自書櫃中，找出原劇的中譯本，仔細的重讀了一遍，發覺距今已五十六年前的這一作品（按得獎是在民國廿七年），作者的智慧、才氣，對人生的觀察與體會，眞是高人一等，令人敬佩，其能得獎，絕非偶然。

全劇共分三幕，第一幕所敘述的兩戶人家，均各有子女，當時尙年幼，仍在求學階段，對人生懵然無知，此幕演出的是一些生活瑣事，無戲劇性可言。第二幕的內容，是相隔三年以後，二家的子女已長大，論及婚嫁，穿插了一些婚前的禮俗，也無對人生成長、結婚的過程，有所暗示，在平淡中結束。若僅以此二幕而言，可謂並無驚人之筆，精彩的是在第三幕。距第二幕已相隔了八年，八年以後，情況有了變化，第一、二幕出現的一些穿場人物，有的多已死去，而最重要的是劇中的女主角，婚後亦因難產而死去，她的母親也死了，一些觀衆熟悉的鄰居，亦均先後逝世。舞台上出現了不少墓碑，墓碑後，一些死去的靈魂，眼看著，一些送葬的行列，把屍體送到墓地來下葬，天空下著細雨，倍感哀傷，大家感嘆著：人生無常，世事難以預測。

女主角的靈魂，也在墓地出現了，她這麼年輕，就來到這裡，大家都爲之惋惜，她不甘心就此安息，期望能再活一次，重溫當年快樂的時光，那些先她而死的靈魂，勸她，並向她提出警告，最好不要去重新體驗塵世的生活，那只會帶來痛苦，但她不聽，決心希望試一試，重活一次，劇作者讓她如願以償的去完成這個「夢」。

她選擇了她十四歲（原著是十二歲）生日的那一天，再活一次，一切景物果眞如她想像的，回復到她當年還是小孩子的時光，她的母親，依然那樣年輕，她放學回到家，母親給她吃生日蛋糕，一些親友也送了她不少生日禮物，再度恢復年輕，她又十分興奮，但這興奮，很快地就消失了，這一天，她過的毫無快樂可言！

爲什麼呢？因爲她與當年已不同了，她已知道往後的發展，是怎麼一回事了……她追憶起當年她活著的時候，爲什麼不能明瞭生命的短促、生活的意義與奧妙……，如今明白了，實在難以忍受這份痛苦。

暮色升上來了，她遙遙望見她的先生，帶著四歲大的兒子，來到她的墓前默默追悼時，不禁悲從中來，痛苦不堪……，但天人永隔，她已無法與她活著的先生交談，她恍然醒悟，她對上蒼所賜的生命，過去了解的太少了，……活著的時候，老是充滿著無知、盲目與愚昧。

全劇也在黯然神傷中落幕，全劇的主旨：是說人生苦短，活著的時候，應掌握現在，勿虛度光陰才好。……

藝專影劇科的同學，能選擇這樣的一齣西洋名劇，加以全心投入的改編，完美精緻的呈現在舞台上，這份成果，是值得珍惜的，語云：「莫辜負白了少年頭，空悲切」。盼望未來的歲月中，這一支劇壇的生力軍，能從「古早在九份那裡」出發，開出更輝煌的「花朵」來。

（本文發表於八十三年七月二十日「青年日報」）

「悲悼三部曲」的欣賞

——美·尤金·奧尼爾作品

國立臺灣藝術學院戲劇科同學，八十五年畢業公演了美國知名劇作家尤金·奧尼爾的作品：「悲悼三部曲」，有相當難得的呈現。這齣戲，另一中文譯名爲「素娥怨」，全長六個小時，在臺灣還是首次演出，我看戲看了五十年，還是第一次看這樣長的舞台劇，值得爲之一記。

尤金·奧尼爾（Eugene O'Neill）曾於一九二〇、一九二二、一九二八、一九五七四度獲得「普利茲文學獎」，一九三六年更上層樓，獲得「諾貝爾文學獎」，是美國文壇上少見的劇作家，他的劇作「天邊外」，過去中視曾在「世界劇展」中改編爲電視劇演出過，他的「奇異的插曲」、「榆樹下的慾望」都曾被拍成電影，他的自傳式劇本「長夜漫漫路迢迢」八十四年曾在文化大學演出過，愛好戲劇的人士，對他的大名，該不會陌生的。

「悲悼三部曲」，分爲三個段落：第一部「歸來」，第二部「追獵」，第三部「鬼影」。是一個完整的故事，故稱之爲「三部曲」，因爲一次演出，長達六個小時，臺灣藝術學院乃於下午四時半開演，演完第一部後，大家吃便當，至七時再演，演完第二部，休息十分鐘，再接演第三部，此次演出時，雖已刪除了一小部分，全劇仍長達五個半小時，若沒有相當的勇氣與魄力，根本不敢輕易嘗試去演，對看戲的觀衆來說，也是一大考驗，沒有一份狂熱，是不可能看完這齣長戲的。

「悲悼三部曲」完成於公元一九三一年，距今已有六十五年，當年奧尼爾完成這個劇本時，年四十三歲，是他寫作的巓峰時期，全劇借用古代希臘悲劇家艾斯奇勒斯「伊蕾克翠」的主題，而以十九世紀美國南北戰爭後，在美國東北部的新英格蘭一個農家爲背景，將古典的主題現代化演出。

故事的重點，與「伊蕾克翠」的情節十分相似，描述先是母親有了外遇，謀殺親夫，繼而一對姊弟，殺了母親的情夫，爲父報仇的故事。

根據古希臘的倫理道德，爲父報仇是兒子的責任，因爲父親雖是被母親毒死，兒子爲報父仇，殺死母親，恐不易被一般觀衆接受，奧尼爾乃加以改變，改由兒子將母親的情夫殺死後，母親於痛苦之餘，舉槍自殺，而引起兒子內心的自責，導致精神錯亂，而暗中不斷鼓勵他爲父報仇的姊姊，又一再的指責他罪孽深重，最後造成他的自盡，一家四口，死了三個人，僅剩的女兒，忽然醒悟，覺得這些悲劇，都是她造成，而把自己禁閉在空屋中，和鬼魂度過餘生。

這一次的演出，佈景方面，相當突出，把曼儂家裝扮成當地的一個富豪大宅，大門口有石柱、臺階，儼然是一大戶人家，屋內之書房、客廳、臥室，在在顯示出，是一高級將軍的別墅一樣，而事實上，原劇作者描述的主人，只是一個農家，所以沒有男傭，也沒有女傭，僅有一個園丁，造成導演安排大門口的戲，有欠自然合理，劇中人的服裝，也設計得過分華麗，不像是農家的裝扮，再者主人曼儂解甲歸來，穿的是一身戎裝，卻沒有軍帽，有點不倫不類，而久戰歸來，回家不進入客廳，卻在大門外與久別的妻女，談個沒完沒了，似也不合常情。

此戲若去除過分豪華的佈景陳設，服裝也樸素平實些，也許可以跟原作者的構想，更符合貼切些。

再者勾引母親之奸夫，原作介紹他的身分是主人曼儂將軍二叔與一印第安女人所生的兒子，似乎也有些多餘，若爲縮短全劇之演出時間，這一枝節不妨可以刪去。

綜觀全劇，參加演出的演員，可謂個個十分賣力，尤其長達五、六小時的臺詞，背得嫻熟，也頗不容易，只是若干演員，聲音太低弱，後面的觀衆，根本聽不見，加上佈景、服裝的過分華麗，使人無法入戲。

道具方面，亦有疏誤，兒子打仗歸來，手提一皮箱，皮箱竟是空的，結果放於臺階上，沒放穩妥，翻落下來，鬧出笑柄。

大門的兩扇門，很有氣派，但演員進進出出，門被打開關上，門裡：有時漆黑一片，有時有白色燈光，有時有紅色燈光，猶如變魔術一般。

一些鄰居，穿上西裝，打上領帶，喝醉了酒，在別人豪華的大門口石階上，坐著、側臥，似乎與五、六十年前美國農莊的景象也不盡吻合。

我覺得演外國人的戲，尤其是世界名著，不妨演困難度較小的戲，容易討好，同學也能勝任愉快，否則吃力不討好，是很可惜的。

（本文發表於八十五年六月四日「臺灣日報」）

「無路可出」的欣賞

——法・沙特作品

一

歲末，在劉華教授的邀請下，我有幸觀賞了中國文化大學影劇組三年級同學演出的「無路可出」。（No EXIT）此劇又譯名爲「在密室裡」。是法國存在主義劇作家沙特的力作之一。

沙特（Jean Paul Sartre），生於一九〇五年六月廿一日，歿於一九八〇年四月十五日，是存在主義劇作家中，與卡繆（A. Camus）同享盛名。只是他活了七十五歲，卡繆僅活了四十七歲。

在未談本劇之前，我想把沙特的生平，向大家略作介紹，也許一般讀者，對他所知不多，因他死於民國六十九年，距今僅十四年。

沙特出生於巴黎，父親在他襁褓時，因罹患熱病而死，他母親的家系，來自法國的亞爾薩斯，這個省於一八七一年曾被德國佔領（胡適譯的「最後一課」曾談過此事），沙特父死後隨母回娘家居住，由外祖父在巴黎扶養長大。外祖父最痛心的是德國佔領他的家鄉亞爾薩斯，從小就教育沙特長大後要復仇。沙特十四歲時，母親改嫁，這以後，他讀中學，進入巴黎師範學院求學，他外祖父是一德文教員，因此希望沙特也做教員，沙特獲文學碩士後，留學德國，學成後就果眞在中學執教，課餘從事文學寫作。

一九三九年，他卅四歲時歐戰爆發，應召入伍，爲陸軍蛙兵觀察員，當時法國築有「馬其諾防線」，想不到仍爲德軍攻破，巴黎陷落，沙特於一九四〇年被俘，在俘虜營過著地獄般的生活，達九個月之久，及後逃出，即加入法國地下抗德運動，並開始倡導「存在主義」哲學思想，與卡繆結成好友，併肩創作「存在主義」的小說及劇本。卅八歲時發表了第一個劇本「蒼蠅」，這就是取材於希臘奧勒斯特爲父報仇的故事。卅九歲時創作第二個劇本「無路可出」，則以他被俘關入俘虜營的體驗，完成的一個獨幕劇。一九四五至四六年，他赴美訪問，返國後，四處演講發表論文，攻擊了卡繆，兩人友誼亦因此而告中斷，這時他已四十一歲，開始擁護法國共產黨，爲卡繆所不齒。此後，他熱中於政治活動，公開頌讚蘇聯，一九五四年他終於訪問了蘇聯，斯堪的納維亞、非洲和古巴。

一九六四年，沙特五十九歲，當選爲諾貝爾文學獎得主，但他拒絕接受獎金，是有史以來，主動放棄這項榮譽的第一人。一九七一年起，他已六十六歲，離開書齋走向街頭，賣左翼書刊，參加共產黨的革命政治活動，至一九八〇年四月十五日七十五歲去世。

綜合沙特一生，他的童年與一般人不同，長大後，又被俘失去自由，因之思想偏激，贊成無神論的「存在主義」，但他的聰明智慧、哲學思想、配合文學造詣所創作的作品，凸顯了超凡的才華，得諾貝爾文學獎而主動拒領，更非一般常人所能及。

因他的思想左傾，致使其作品，很少在臺灣演出過，文化大學能於開放後，演出「無路可出」一劇，值得爲之一記。

二

「無路可出」的劇本，沙特完成於一九四四年，是他衆多劇本中，被討論得最多的一個劇本，其中文譯本，於民國五十九年（一九七〇年）由陳梅華翻譯，納入顏元叔主編的「淡江西洋現代戲劇譯叢」，由驚聲文物公司出版印行，現已絕版。

沙特自二次世界大戰被德軍俘虜失去自由後，深受牢獄之苦，他曾寫過一篇「牆」的小說，描述三個囚犯，於聆聽被判死刑後，次日清晨將被執行的情景，心理描寫之眞切細緻生動，令人嘆服，其中一人害怕得徹夜無法入眠，一人不自覺地尿在褲子上……這一類對死亡的恐懼害怕，在他筆下雕鏤刻劃得精闢傳神、入木三分，最後，其中二人，被黎明時槍決死去，一人竟意外獲釋，大概此人就是沙特自己。

「無路可出」是一齣靜態表演的悲劇。劇中敘述二女一男，死後被關入地獄中的故事，劇中除了地獄裡的服務生，領他們進入密室短暫出現外，戲大部分集中在二女一男，三個人的身上，在一百分鐘的演出過程中，就是翻覆他們三個人，到了地獄以後，仍不忘過去，不忘彼此嘲笑、猜忌、勾心鬥角的一些人性弱點的呈現。

男主角卡遜（Garcin），是個新聞記者，自稱是反戰主義者，因戰爭爆發後做地下工作，被捕遭受槍決，自認爲是一個英雄。到了地獄，仍以英雄自居，事實上，他生前虐待自己的妻子，並有混血的情婦，更是戰場上的一名逃兵，逃亡至墨西哥邊境時，被亂槍打死，中了十二顆子彈，根本是一個懦夫。

女主角伊娜（Inez），生前是個同性戀，曾任郵局職員，因係同性戀，她愛上表兄弟的妻子，後因該妻子丈夫車禍死亡，伊娜乃與之一起開瓦斯自殺，來到地獄後，仍看不慣男女相戀、相好的情景，處處加以阻擾。

另一女主角艾絲黛（Estelie），則是一個有自戀性傾向的風流交際花，曾爲金錢而結婚，婚後紅杏出牆有一情夫，與情夫生下一子後，又因發生衝突，當情夫的面，將自己孩子殺死，情夫一氣之下，乃將之殺死。下了地獄之後，很快的，她又愛上了那自認爲是英雄的卡遜，因而又與伊娜衝突，爲求獨自擁有卡遜，欲置伊娜於死地，結果伊娜告訴她，彼此均已是死去的人，死亡不再對她有所傷害，三個人將永遠在地獄的密室中「無路可出」，痛苦的「活」下去。

全劇暗示：地獄就是人間，惡人與惡人，永遠相處在一起，是無處可退，無路可出。劇中的三個人，像三條「鬥魚」一樣，彼此已無路可出了，卻還是在互相筋疲力盡的纏鬥不休，豈不可笑又復可悲。

這也就是沙特所要表現的「存在主義」哲學思想。

三

文化大學戲劇系此次演出「無路可出」一劇，在佈景方面，以「實驗劇」的形式，利用劇中三個人等邊三角形的架構，安排了一個開放式的舞台，把密室四面牆拆除，桌子、椅子放在中間，四週圍安排觀衆的坐位，使四週的人，都可看到演員的演出，雖很新鮮；但有時當演員面向東方的觀衆時表演，西方的觀衆只能看到他的背與屁股，很難面面顧到。

道具方面，雖甚簡單，但桌子是三角形，椅子也三角形的，相當有創意。燈光、音響自四方配合，雖不像電影院那樣有身歷「地獄」的感覺，但意思到了，已頗不易。

全劇對白，仍過分忠於翻譯，不夠通俗口語化、中國化。故欣賞時，會減弱吸引力，若能精心的將之改寫，如「第二帝制時代的家具」，聽了不易使人明白，不如改爲「很時髦的家具」或「很新潮的家具」，就比較容易接受。

有些台詞重複過多，翻來覆去的說，不如濃縮精簡，去蕪存菁少說幾句，如「懦夫」一再的說，觀衆早已明白，無需贅言，本劇若能除去沈悶乏味的對白，設計一些風趣、幽默的「現代話」加入，當可減低沈悶的壓力。

（本文發表於八十四年一月廿二日「青年日報」）

我對「巴登·好女人」的欣賞

——德·布萊希特作品

一

最近這一陣子，幾個學校的戲劇科系，都喜歡演出外國的名著，繼「悲悼三部曲」後，文化大學戲劇系的同學，演出的「巴登·好女人」，是依據聞名國際德國戲劇家布萊希特（Brecht Bertolt）的作品「四川·好女人」所改編，這一齣戲，好多年前，我曾在藝術館觀賞過它的演出，演員都穿民國初年時的服裝，這一次文化大學的演出，稍有不同，他們在服裝上，劇情上，做了很大的變動，連戲名也改了，與原著似有很大的出入，不過，仍保留了「史詩劇場」的特殊風格，値得爲之一記。

廿世紀的初期，歐美的戲劇，雖仍是「寫實主義」爲主流，但沒維持多久，就出現了「象徵主義」、「表現主義」及「史詩劇場」的戲劇，與之對抗。

布萊希特早期的作品，受到不少「表現主義」的影響，但經過一段時日，他獨樹一格，首創「史詩」（Epic）劇場，以取代傳統的戲劇。

這不同於「寫實主義」，他認爲不必寫實地處理當代的題材，應該將所呈現的行動，加以「奇異化」，對觀衆與戲劇，造成「疏離感」，劇中可以穿插歌唱、說書人（敘述劇情者）以及放映影片或幻燈片之安排，可以故意讓觀衆注意到劇中的僞裝性質，不必讓觀衆信以爲眞有其事。

佈景方面，亦不必用來產生「眞實感」，更換佈景，不必暗黑燈光，可在觀衆眼前進行，……這些突破規例的做法，因爲新鮮，一度受到一些年輕朋友的喜愛，造成轟動。

一九二八年，他創作的「三毛錢歌劇」（The Three Penny Opera）在柏林曾創下連演四百場之光榮紀錄。那年他卅二歲，娶女演員海倫·瓦格爾爲妻，二人合作，演了不少戲，聲名大振。

他是反希特勒納粹的，一九三三年希特勒上臺，他就逃離德國，開始流浪，先到丹麥、奧地利、瑞典、芬蘭、俄國，最後到了美國。流浪途中，寫了不少劇本，其中：「四川·好女人」一劇完成於一九三八至四〇年間，也即民國廿七年至廿九年間，當時他在四川重慶，那時中國政府就在重慶，還在抗戰最艱苦的期間。

因爲他曾與訪歐之平劇名伶梅蘭芳相遇相識，對中國平劇之「寫意」手法，頗爲欣賞，他「史詩」劇場中的唱詞、詩句、說書、……可說多半脫胎學自中國的平劇，是可以肯定的。

「四川·好女人」劇情是這樣的：有三個天上的神仙，下凡來到四川，有意尋找一個好人，給以金錢的幫助，使之能在世界上行更大的善事，結果找來找去，世人都不願接納他們，最後，只有一個妓女聖德，肯接待他們留宿，天亮後他們離去前，就給她一些錢，希望她用來行善。

一些鄰居親友，聞知聖德有了錢，紛紛找上門來，請求賙濟、救助，引起不少糾纏、迫害，眞是善門難開，聖德反而欠了不少債，她不得已乃假稱有一表哥，可以代她解決困難，這位表哥不斷向他人招搖撞騙歛財，結果出了紕漏，大家又來找聖德算帳，聖德無奈，躲了起來，鄉人認爲其失蹤，恐係遭其表哥謀害……，告到官府，才知該表哥，原來就是聖德改扮，三位神仙這時再度降臨人間，闡明世上之人，無絕對良善，良善之人，迫於現實生存，有時也不得不與邪惡，結合在一起。

二

文大戲劇系此次改編「四川·好女人」爲「巴登·好女人」，在劇情上強調地方背景是德國的一個小城市，名叫巴登，其中女主角妓女的身份，改爲高級應召女郎，劇中人物的名字，亦均改爲名牌服飾或香水、影星的名字，加入捷運工程弊案，休葛蘭召妓……等新聞，來諷刺現今社會的現象，可見改編者確是花了不少心血。

再如義賣「愛心手帕」，神仙留下「金融卡」等作法，也很新鮮有趣。但缺失方面，也不少。

如劇中也有插曲、歌唱，惜聽不太清楚，幻燈片、及服裝之造型，也過份怪異「奇異化」。開始時的幻燈片，故意跳格剪接，蘭蔻太太（即休葛蘭之母）服裝太年輕，三位天使的服裝，臉部化妝，不像是天上的神仙，猶如頑童，實難以令人接受。

負責導演的賀正安同學說：「我認爲『史詩劇場』這種表演方法，很難去做到，即使做到了，觀衆也很難接受。」確是實情。

留學德國，榮獲戲劇博士學位的文大戲劇系主任周靜家女士，在演出特刊上，也特別強調：「如果有人拿著布萊希特的『四川·好女人』，觀照此次演出的『巴登·好女人』，一定會大失所望。因爲後者純粹是本系的畢業製作。學生們爲使演出，能反映出現今的臺灣社會環境，花了不少心思在構思人名、劇情、服裝……等上，在排演的過程中，當然也有過爭執，不管如何，這是一場全然屬於新新人類的演出。」

我相信這一支劇場生力軍，是具有潛力的，將來可能會發出更耀目的光芒。

（本文發表於八十五年六月十四日「臺灣日報」）

「海葬」的欣賞
——愛爾蘭·約翰·辛的作品

一

國立臺灣藝術學院二年級夜間部戲劇系同學，最近春季公演，在國立藝術館演出的約翰·辛（JOHN MILLINGTON SYNGE）的世界獨幕劇名劇「海葬」，成績斐然，頗爲難得，尤其是佈景的逼眞，燈光、音效、國樂的配合，把全劇幽傷、悲慟的情懷，與氣氛的渲染，創造了十分震撼的劇場效果，値得爲之一讚。

約翰·辛爲十九世紀初葉的愛爾蘭劇作家（一九七一——一九〇九），他很可惜，英年早逝，只活了卅八歲，一生只創作了六個劇本，其中兩個還是獨幕劇。「海葬」英文原名「騎士到海上」（RIDER TO THE SEA）是現代戲劇中，最偉大的獨幕悲劇，是約翰·辛生活在愛爾蘭西邊，一個叫亞蘭島上，朝夕與當地漁民相處生活在一起五年後的作品，全劇的故事，具有眞實性與動人的感性場面。故事敘述一個貧瘠的海島上，居民均捕魚爲生，有一個老婦人她生了六個兒子，她的父親、丈夫及前面四個兒子，均因捕魚而被大海吞噬了，幕啓時，她的第五個兒子屍體，也在海上漂流被發現抬回家中，此時，她僅剩有的一個小兒子，不聽老母勸阻，仍要出海去打漁，最後命運之神，仍然不放過他，讓他也同樣死在海上，被抬回家裡來。

這時，這個家，只剩下這老婦人，和她最小的媳婦，及最小的女兒三個女人。媳婦·女兒都痛澈心肺，哀哭號叫不已，惟獨這最悲傷的老母親，反而由悲痛進入了寧靜，她冷靜的告訴鄉人鄰居說：「如今，他們都已離我而去，大海再也不能加害於我了，我也不用再日夜提心吊膽，再擔心兒子的安危。」

全劇最精彩的，也就在這老婦人口中所說的這幾句話，若是她也和媳婦、女兒一樣，痛哭流涕落幕，則只是一齣平庸的「命運悲劇」而已。如今，這一個戲的主題，卻含有一份「哲學意味」，我在我寫的「戲劇編寫概要」一書中，曾將該戲主題列入「表現人生哲理」的範疇。這一類的劇本耐人深思，很不容易寫。

「當人看開了一切，生活中也就無所謂懼怕了」。「海葬」敘述漁村中，人與大海，存在著永恆的衝突，多少漁夫葬身於大海，但人應該有人的尊嚴，他不該在命運的迫害下，低頭屈服。

人生在世，免不了有噩運災難，面對噩運災難，我們應有奮鬥下去的勇氣。約翰·辛能以此一獨幕劇揚名於世界劇壇，決非偶然。

二

國立臺灣藝術學院，此次演出「海葬」，並非是翻譯演出，而是將之改編成本土化的劇本，故事發生的地點，不是在愛爾蘭的一個小島上，而是澎湖的七美島嶼，時代背景放在民國四十年代，同時增加了「序場」及「尾聲」有歌詠隊朗誦演唱，將佈景由一個內景，衍化出兩個景，增加了一個海邊下葬的外景，在戲的演出時間長度，拉長爲九十分鐘，製作單位爲求有澎湖的本土色彩，除朗誦詩、合唱部分採用國語演出外，其餘劇中台詞，一律採用台語發音，對聽不懂台語的觀衆，看戲猶如一頭霧水，尤其是約翰·辛原劇一些具有詩意，如散文般美麗的詞句，均在改編者的手下蕩然無存，十分可惜，爲尊重原著者的「智慧財產權」，身爲「國立臺灣藝術學院」戲劇系的學生，最好少做刪去菁英的改編，以免遭人詬病。

「海葬」的導演朱之祥老師，其手法令人欣賞的有兩處：其一、是劇中三個女人，知道小兒子海上失事死去的訊息，有三種不同的反應。先是女兒的低聲啜泣，接著是媳婦的嚎啕大哭，媳婦在激動哀慟中，踢倒了長板凳，發出巨響，帶引起全場觀衆的悸動，最後是老母親的反應，雖是椎心泣血，卻鎮靜而沉著，說出內心沉痛的感受，十分有層次，而凸顯出全劇的深度。其二、是安排「尾聲」出殯的場面，與序場作呼應，詩歌朗誦的形態，也是自然安排而非呆板、排立式的，最後，全部的人員均下場走了，用燈光暗影照射三個女人，在海邊佇立，眺望大海的畫面，十分詩意，而有藝術意境上一種肅穆之美，殊爲難能可貴。

佈景的陳設，燈光的適時配合，藍俊鵬老師的表現可圈可點，加上柳葉琴、笛子、琵琶、胡琴……等國樂配樂，把全劇的悲劇氣氛，發揮到極致，編曲的任修恆先生，功不可沒。演員方面演女兒的黃馨萱、媳婦的梁嘉祝、阿海的莊旭祥，均十分稱職，演老母親的謝美艷，年紀輕輕化裝成老婦人，挑起全劇的重擔，最爲突出可喜。

最後有兩點小意見：一、是劇名既叫「海葬」，最後應有「海葬」的形式，一般海葬是將死者躺著的門板，頭部一端抬高，由屍體滑入海水中沉沒，劇中只將屍體連門板一起抬入後台，似覺草率。二、我多年前曾去過澎湖，因海邊風砂極大，村中婦女多是蒙面女郎，頭戴斗笠，臉上用布蒙面後，只露出兩隻眼睛，手臂也都包著布，不露在外面，避免曬黑，而演出此劇中的一群村婦，無一人戴斗笠，亦無人蒙面，似爲美中不足。

（本文發表於八十六年五月十八日「青年日報」）

「造謠學校」的欣賞

——愛爾蘭·薛禮登的作品

一

最近，文化大學戲劇系影劇組的同學在國立藝術館畢業公演，演出的戲，是愛爾蘭劇作家薛禮登（Richard Brinsley Sheridan）的「造謠學校」（The School for Sandal）。按薛禮登生於一七五一年，卒於一八一六年，該劇初演於一七七七年，是十八世紀的作品。

薛禮登在中國，也有人將之譯成謝里登者，他父親是都伯林皇家劇院的演員，母親是一位著作等身的小說和劇作家，從小耳濡目染，他就在高尚的家世、優良的傳統、濃厚的戲劇氣氛中長大，成年後，被送入專門培養貴族及資產階級子弟的哈羅公學唸書，由兩位博士來教導他。

十八歲學校畢業後，就與當地著名的歌星伊利莎白·安林立戀愛，引起另一名追逐者的威脅，二人乃相偕逃奔至法國秘密結婚，後女方被父親帶回英國，薛禮登與情敵公開進行決鬥，血拚時劍折受傷住院，使女方家長感動他的眞情，始允二人正式結婚。廿四至廿八歲之間，他寫了三個劇本，大部份是喜劇，演出時，受到瘋狂的歡迎，其中「妖怪」一劇連演了七十五場。「造謠學校」是他廿六歲時的作品，這時他也是演出該劇杜里連劇院的經理暨合夥人。劇中，他製造上等社會的醜聞，以嚴肅的筆觸、嬉笑怒罵的口吻，讓全劇充滿了生機與喜趣。廿八歲以後，他由舞台轉向政治，沒有再寫新的劇本，至六十五歲與世長逝，眞是十分可惜。

二

關於描寫英國上等社會的諷刺喜劇，此間觀衆，看過王爾德的「理想丈夫」、「不可兒戲」，這些作品，較薛禮登的「造謠學校」後了一百多年，與王爾德比較起來，薛禮登的才華並不遜色，留美的戲劇碩士黃惟馨，看中這齣戲，將之作爲同學畢業公演的劇目，是一睿智的安排。

「造謠學校」與黃惟馨執導的另一齣戲：「盲中有錯」不同。其一，是「造」劇情節多線發展，錯綜複雜，變化較多，其二，「造」劇出場的人物多，學生演出，人人有上台的機會，而劇中老年人的角色，只有兩位爵士，其餘爲青少年及中年婦女，便於角色分配。據聞該校爲演出此劇，從決定劇本、量製服裝、佈景，以及排練，花了近一年的時間，加上經費的拮据，無法做到盡善盡美，可眞難爲了該校的師生。

「造謠學校」的劇情，分多線進行。第一個情節：敘述有一個彼德爵士，娶了個年輕的太太，不安於室，日夜提心吊膽，擔心太太會紅杏出牆，他有一個受監護的姪女瑪麗亞，待字閨中，有意早日爲之覓一乘龍快婿。第二個情節是：另一名奧利福爵士，在國外發了大財回國，有兩個姪兒，大的叫約瑟，小的叫查理士，他因離國十五年，對兩兄弟的性格、優缺點也不十分明瞭，有意暗中設法考驗二人，再決定如何分配的財產。第三個情節：是當地社會上有一交際甚廣的名女人史姬薇，除了有一些面首圍繞在她身邊，她又喜歡造別人的謠言爲樂，以提高自己的身價，一方面要破壞哥哥約瑟的聲譽，一方面又想把弟弟查理士，從瑪麗亞手中搶奪過來，因若能與查理士結婚，就可以順利的獲得奧利福爵士的財產。第四個情節：是哥哥約瑟是一風流種子，一會兒向瑪麗亞跪下求婚，一會兒又向彼德爵士年輕的太太示愛，鬧出不少笑話，反倒是弟弟查理士，雖喜喝酒作樂，揮霍金錢，卻頗有愛心，時常賙濟一些貧窮的親戚。

劇中還穿插一些三姑六婆型的貴婦人，使全劇在喜鬧上，有強烈的反諷意味。

三

文大此次演出，演員服裝方面，十分講究，個個穿得非常豪華明麗，只是大家都是一套服裝到底，沒有一人換裝，可謂美中不足。有人還拿了單腳的眼鏡，作小道具上場，惜不會運用此種道具作戲，十分可惜。有些演員演得不錯，也有一些演員較生疏，還忘台詞，發生

「冷場」的情況，盼以後能改進。

佈景方面，其中有一景，明說是「書房」，卻不見一個書櫃，只有一個衣櫥與大的窗帘，方便劇中人躲藏，燈光也缺少變化。化裝方面，兩位爵士，在劇中穿類似的服裝不說，畫在臉上的鬍子，也一模一樣，沒有一點區別，使人會誤會當時英國上等社會，那些爵士都是蓄養這樣的鬍子嗎？

最使人遺憾的是演出特刊上，列出上場人物十八人，每一人物之身份、職業，均未有介紹文字說明，全劇亦無一扼要的劇情介紹，加上開場時演員發音含混低弱，看了半天，不知究竟在講些什麼？加上缺乏「劇情說明」，真是很難讓觀眾入戲，尤其演的又是十八世紀的外國戲，這一點小缺失，希望今後能有所改進。

（本文發表於八十六年五月十八日「青年日報」）

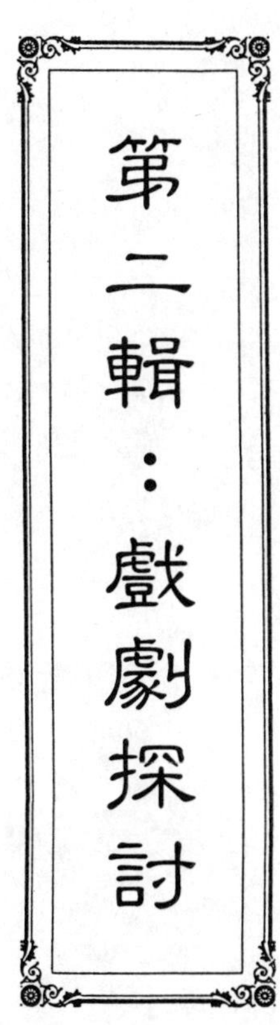

第二輯：戲劇探討

歷史戲劇的探討

一、前　言

「中華民國歷史文學學會」成立後，理事長曾永義先生推出的第一個活動，是在「中國文藝協會」舉行了一個「歷史與歷史戲劇」的座談會，承蒙主辦人樸月女士的青睞，邀請我在會中專題演講：「歷史戲劇的探討」。

那天參加座談的人很多，我因時間的限制，講了一半，匆匆結束，未能暢所欲言。這裡，我將講稿重新整理後，作一完整的陳述，尚祈方家，多予教正。

二、戲劇與歷史

幼年時，我常隨父親去看戲，看到台上演出到某一段落時，胡琴就拉了起來，演員就配合胡琴唱起來。

我便問父親，是否古人都隨身攜帶胡琴，到要唱的時候，胡琴就拉起來。父親告訴我：「那是演戲啦，古人沒有把胡琴帶在身邊的。」因此，我瞭解，戲劇與眞實人生，是有一段距離的。

後來，大約五十年前，我看過一部中國最古老的平劇電影：「斬經堂」，演出的是「吳漢殺妻」的故事。戲中的吳漢，是王莽手下的大將，他娶了王莽的女兒，婚後不久，吳漢的母親告訴他，王莽是他殺父的仇人，命令他把心愛的妻子殺掉，以爲父報仇，他與妻子新婚不久，而妻子又非常賢慧，當時還正在經堂唸經，而母命難以違背，他去到經堂，心中非常矛盾，不知該如何下手殺死愛妻，寶劍拔出來，又放進去，內心掙扎，痛苦萬分，最後，他妻子明白了一切，乘吳漢不備，取過寶劍，自刎而死，當時，我覺得這是一齣好戲，描寫人物內心的衝突，左右爲難，印象特別深刻。

事隔多年後，電視上，也演出過這一齣戲的「電視劇」。但「後漢書」、「資治通鑑」，都沒有記載過王莽的女婿是吳漢。王莽的女兒嫁的是漢平帝，而漢平帝，是被王莽用毒酒害死的。

「後漢書」有吳漢傳，吳漢並未娶王莽之女，他投靠了光武，迭建戰功，才成爲東漢元勳。可見，「斬經堂」這齣戲，完全是編劇的人信手編出來的，並無歷史的根據。

平劇裡另有一齣大家都熟知的好戲：「捉放曹」，劇中演出中牟縣令陳宮，陪著曹操逃亡，途中遇到曹操父親的好友呂伯奢。呂伯奢出去打酒，命家人殺豬招待他們。曹操因呂伯奢久久未歸，而疑心他是否向官府通風報信出賣他，到後面一聽，又聽到正在磨刀，商議如何綑綁宰殺，誤以爲要殺他，一怒之下，殺了呂家滿門，正當他們要走時，途中巧遇呂伯奢打酒回來，呂竭力挽留曹操別走，曹操恐事跡敗露，一狠心，斬草除根，把呂伯奢也殺了，然後逃走。劇中的主角之一陳宮，目睹此事，發覺曹操爲人兇殘，對他非常失望，因此，離他而去。

近日我查有關史料，發現這與事實也有不少出入，歷史上雖有曹操殺呂伯奢一家八口這回事，但中牟縣令不是陳宮，也沒有這樣一個人和他在一起，這一件事，據「三國志」裴松之註，有三種說法：

第一種說法：是曹操到呂家時，呂伯奢並不在家，只有他兒子在家，聽說曹操是被通緝的逃犯，要抓曹操送官，曹操在反抗中，殺了他們。

第二種說法：是他們準備殺曹操，爲曹操發覺，出於自衛，曹操才大開殺戒。

第三種說法：是他聽到廚房中有不利於曹操的言談，他才發怒殺人。

有一個叫波多野乾一的日本人，他寫了一本「支那劇大觀」的書，列舉出中國京劇六百種中，其中根據「三國演義」改編的最多，高達九十種，其餘「水滸傳」第二，只廿種，其他「紅樓夢」九種，「今古奇觀」、「西遊記」都只有六種。

「三國演義」是依據「三國志」歷史而寫成的「歷史小說」。

歷史小說與正史的出入是很大的，一般人看過「三國志」的，恐怕不太多，大概只有研究歷史的人才去看，但看過「三國演義」的人卻很多，看過依據「三國演義」改編成平劇的人更多。

在「三國演義」中，作者對曹操儘量醜化。在「孫盛雜記」書上說，曹操殺了呂氏滿門後，淒愴曰：「寧我負人，無人負我。」

而在「三國演義」中，卻把曹操說的這兩句話，改成：「寧我負盡天下人，不願天下人負我。」這一改，就加強了曹操的狠毒。其實，曹操也只是一個凡人，逃亡中因疑心防範而殺人，也屬於人之常情，但經過「演義」小說這一改，平劇「捉放曹」一演，他的形象就被扭曲了。由此可知，有許多的歷史，因著小說演義改寫，而至編成戲劇演出，加油添醋的結果，走樣已不足爲奇了。

三、歷史劇的價值

現在，我們進一步來探討：「歷史劇的存在，究竟是否有價值？」

我個人認爲：「歷史劇的存在，是有價值的。」

我們都知道，歷史是一面鏡子，鏡子是客觀呈現的。不像拍的照片，照片可以加工修飾，減少醜的部分，強化美的部分，一個很醜的人，去拍藝術照，可以利用光線、角度加以美化。而鏡子卻是正確的反映出眞實的面貌。醜的人，鏡中呈現的，就是醜；美的人，鏡中呈現的就是美。是很客觀、眞實的。

我覺得歷史劇，應有下列的三種功能：

第一、是「以古鑑今」，可以讓現代的人，知道前人曾犯過什麼錯誤，造成悲劇，讓現代的人，接受歷史上「血的教訓」，不再重覆蹈轍，爲今日的殷鑑。

第二、是「藉古喻今」，以古代的人與事，來作比喻，像「愚公移山」、「勾踐復國」這一類的歷史，來教育現代的人，向古人學習。

第三、是「借古諷今」，借用古代的人與事，來諷刺現實的社會，如借用「包青天」的鐵面無私，來譏諷現時代的官場黑暗面等。大陸上，多年前曾演過一齣平劇：「海瑞罷官」，海瑞是一個清官，因爲對抗不了當時的惡勢力，被逼罷官而去，共產黨就指這位編劇吳晗先生故意「借古諷今」，在暗中罵毛澤東的「人民政府」，而掀起了「文化大革命」，吳晗也就在這場風暴中被鬥爭而死。

歷史劇的取材，都是從兩方面來談。

其一是事件。我們根據歷史上發生過的事件來編成劇本。譬如，歷史上有名的「大禹治水」，大禹三過家門而不入，我就編寫過這樣的廣播劇。再如廉頗與藺相如不和的故事，平劇有一齣「將相如」，描述兩個人，一個是將軍，爲國家立了不少戰功，一個是外交家，也對國家有不少的功勞，可是廉頗對這位只能動嘴、不能打仗的藺相如，頗不服氣，後來，發現相如處處忍讓，才負荊去請罪，握手言和。中視公司曾將這一段故事，編成連續劇「戰國風雲」，當時非常轟動，造成很高的收視率。

其二是人物。以人物爲主來構成劇本，如「楊貴妃」、「武則天」、「西施」、「貂嬋」這些美女，都編成過劇本，又如「劉伯溫」、「包青天」、「濟公」、「楚霸王」等也都有歷史劇，有些戲演出後，因觀眾喜愛就一再橫生枝節，一再延長，如「包青天」就不知演了多少集，幾年前演過，現在可以再演，再過十年、廿年還可以演，「武則天」臺灣演出過，大陸也演出過，仍然受到歡迎，「劉伯溫」歷史上確有其人。以正史來說，有關他的事蹟，並不多，可是在電視上接續演了二年一百多集。最近在演出的「濟公」，過去也演過，是許不了主演，現在的「濟公」是許不了的兒子主演，仍然非常吃香。平劇上有一齣「鍾馗嫁妹」，上了電視，後來演出「天師鍾馗」的連續劇，把「竇娥冤」、「一捧雪」也都穿插了進去。

許多歷史劇，往往借歷史上一個人物做主角，亂編一些情節湊成連續劇，我的看法是只要他能掌握住主題，把握住「以古鑑今」、「藉古喻今」、「借古諷今」的原則，受到廣大觀眾的歡迎，仍是有其存在的價值的。

四、歷史劇的創作

接著，我要談的是歷史劇的創作。也就是如何編寫歷史劇？可分成以下四點來談。

第一、首先要了解的是：歷史劇不好寫。因為編寫的情節，若寫得與歷史不符時，馬上就會受到歷史學家的批評與指摘。認為是胡扯，歷史上不是這樣說的。人名不能錯、地名也不能錯、日期不能錯，甚至對白用字也不能出錯。如果寫時裝劇，可以愛怎麼寫，就怎麼寫，完全是自由發揮；寫歷史劇就有很多的限制，隨時有人在觀賞後給你批評，在監督著你的創作。寫時裝劇，不用看參考書，而寫歷史劇，必須查看許多歷史書籍，包括正史、野史、稗史、傳聞。又不同的時代、不同的職位稱呼、不同的民間習俗，得花很多的功夫才能動筆。

第二、歷史上有很多的事情，眞相難明。一般正史是史官所寫，有些稗史，也是有權有勢的人請人寫的，是很主觀，並非全是客觀的，記載歷史的人，對皇上、權貴，常是隱惡揚善，以保自身的安全。有些朝代，還興起過很恐怖的「文字獄」，筆下稍一不小心，不但自己腦袋落地，還會連累整個家族。再說，有些歷史劇，往往要看筆在誰的手上，看他怎麼寫。大陸上拍了一個「西安事變」的錄影帶，你在臺灣，看了以後，能相信他講得對嗎？因爲他是共產黨拍的。共產黨所拍有關抗戰的電影，說八年抗戰都是他們的功勞，你看了能相信這是事實嗎？因爲劇作者是共產黨徒，他編這樣的劇本，是負有使命的，是爲共產黨講話的。

有人仔細研究「三國演義」，發現作者羅貫中，未必仔細看過「三國志」、「後漢書」、「資治通鑑」，他把好的事都歸於劉備這一方，因爲他是漢人，他主觀傾向劉備，所以把曹操儘量加以醜化、抹黑。

「三國演義」上，有兩齣平劇「溫酒斬華雄」、「三英戰呂布」。

先說「溫酒斬華雄」。據三國志孫堅傳，華雄是董卓手下的都督，被孫堅所殺，與關羽根本無半點關係，但「三國演義」上，爲強調關羽的武功，不但是他殺了華雄，斬了華雄歸來，酒還沒涼呢！這不是有違「三國志」的記載嗎？

「劉關張三英戰呂布」，也是非常滑稽的。因爲呂布是個英雄，劉關張三個人聯合起來，大戰呂布，確是好戲。但眞實的歷史上，有沒有這回事呢？依據當時的情況，呂布在成皐，現爲河南省成臯地方，該處後名「虎牢關」，而劉關張三人，那時在山東省的平原縣，兩地相隔七、八百里之遠，不要說「相戰」，就是「相遇」都非常困難，顯而易見，是「三國演義」的作者，故意編造出來的。

第三、戲劇的構成，情節要有戲劇性、有衝突性，才是看戲的人喜歡看的戲。有些歷史人物，因其本身有戲劇性，故有關此人的戲劇，一演再演，例如「武則天」、「楊貴妃」、「乾隆皇帝」、「慈禧太后」……等。另有些歷史人物，雖亦有輝煌的事蹟，卻無戲劇性，若編成劇本，非加油、添醬不可，但結果仍不受觀迎，中視公司過去曾演過以王陽明爲主角的連續劇，取名爲「書劍千秋」。王陽明「格物致知」的學說，受後人推崇，但他格竹子，格了七天而病倒，缺乏戲劇性，縱然編劇在劇本上加了女俠、打鬥，仍難以成爲觀衆喜愛看的好戲。

第四、要考慮戲劇的演出條件：因爲我曾在電視公司擔任編審工作廿多年，又在大專院校教授「戲劇寫作」的課程，同時自己也編寫過不少劇本，因此，經常有人完成了劇本，給我過目，希望我提供一點意見。十幾年前，有人寫了一個「火燒赤壁」的電影劇本給我看，我用心的拜讀了一遍，發現作者確花了不少心血將三國演義上的「文字描述」，變成了具體的畫面，若能拍成電影，一定大製作，可以轟動，但製片人必須投下大筆的資金，因爲火燒連在一起古時的戰船，不是一艘、兩艘，死傷的人員至少也得成千上萬，若省錢小規模拍攝，拍出來一定無人看，而且還遭人罵，大規模拍攝，成本又非常可觀，這樣的電影劇本，在電影不景氣的情況下，誰敢冒險來嘗試？那位劇作者，不了解電影的演出條件，結果，雖完成了劇本，仍是白費了力氣。

前兩年，有一位朋友，知道我在電視公司工作，拿了一本他朋友在大陸完成的電視連續劇故事大綱給我看，要聽聽我的意見，我仔細拜讀了一下，說的是左宗棠在新疆堅苦奮鬥的故事，在臺灣，過去從未有人編過左公的劇本，而大綱內容所蒐羅的史料，也經過周密的考證。只是全劇沒有一個主要的女主角，也沒有一些愛情的穿插，左宗棠是男主角，是個中老年人，這樣的連續劇，會有人喜歡看嗎？當然，同樣不會受歡迎，只能束之高閣。

所以，不是所有動人的歷史事件，或有有頭有臉的歷史人物，都可以編成歷史劇，在未動筆以前，需要考慮有無戲劇性，再考量其演出的條件；這些重要因素若忽略了，就白忙一場。

五、歷史劇的檢討

現在，我願提出一些「歷史劇」所發生的錯誤，來作一番檢討。英國的戲劇家莎士比亞，也寫過不少歷史劇，有些對英國歷史有研究的專家，對他寫的歷史劇，加以仔細的比照歷史，發現他早期的歷史劇「亨利六世」中，與歷史時間顛倒失實之處頗多，後期寫的歷史劇就比較成熟多了，可見歷史劇不好寫，連莎士比亞的作品，也可挑出不少毛病來檢討。

現在，我把國人寫的歷史劇所犯的錯誤，分就情節、人物、對白、結構、佈景等項，來加以檢討：

㈠**情節**：有些情節是歷史上沒有的，卻編成了戲劇，如上面提及的「關羽斬華雄」是張冠李戴，還有「關公斬貂嬋」的戲呢？有些戲是依據平劇劇本套過來，也有從地方戲曲套過來的，這些劇本多半是伶人，依據他的舞台經驗，及看過的一些「演義」、「傳奇小說」、「東周列國志」、「民間故事」來編寫的，並非歷史學家來寫，因此，有不少神怪的故事，也都編成了劇本，如：「封神榜」、「白蛇傳」、「鍾馗嫁妹」都可一演再演，一些姜子牙、劉伯溫、諸葛亮、濟顛和尙，都被神化，編出不少好戲，「乾隆皇帝下了江南」因此又產生了「嘉慶君遊臺灣」，使一些年輕人信以爲眞，大專聯考時，鬧出很大的笑語。

㈡**人物**：除了揑造情節的「歷史劇」，爲了適應劇情的需要，經常編劇會增添一些人物，而這些人物，歷史上是沒有的。如平劇「貴妃醉酒」中有提及唐明皇、還有一位「梅妃」與楊貴妃爭風吃醋，事實上，並未有梅妃其人。平劇「香妃恨」中，說乾隆身邊也有個「梅妃」，事實上，也是虛構的。依據「今古奇觀」中「蘇小妹三難新郎」的章回小說，因頗有情趣，被改編成「電視劇」演出後，就有人說，按照歷史來說：蘇東坡並沒有一個這樣慧黠的妹妹。「戰國風雲」電視劇，描寫藺相如與廉頗的故事，兩位都是男人，若無年輕的女角穿插，恐引不起觀衆收看的興趣，編劇乃創造了一個「桑柔」的女角，在其中串戲，演出後頗獲好評，事實上，史書並無此女子之記載。

平劇「大劈棺」、「蝴蝶夢」中，有一紙人「二百五」的穿插，紙人經莊子點化爲人後，因頭腦短路，行走似木偶，使該劇增添不少諧趣，演此一角色之丑角因而大爲走紅，以後就產生了「二百五」這一流行語，事實上，莊子是春秋戰國時代的人，那時，紙還沒有發明，那裡會有「紙人」這樣的角色，全是虛構的。

㈢**對白**：說到歷史劇中的對白，矛盾不通，可愛的地方更多，如唐朝宮廷中的戲，對白中有出現「太監」的稱呼，事實上唐朝後宮沒有「太監」，那時叫「宦官」、「內侍」，年紀小的叫「小黃門」，叫太監就錯了。孟姜女哭倒萬里長城的戲中，出現了「拜觀世音菩薩」的對話，事實上，那時佛教還沒有傳入中國，不可能有「觀世音菩薩」的名稱。我過去寫過一個「孟母教子」的廣播劇，廿多年前在中廣播出時，頗受歡迎，後來還被製成「錄音帶」發行，每逢母親節，還重播多次，多年後我發現劇中有句對白：「近朱者赤，近墨者黑」是西晉時代哲學家傅玄所說，傅玄生于公元二一七年，卒於二七八年，距離孟子出生的年代，遲了五百年，這是大錯，我當時年紀輕未有考證，就落筆了。該劇中又有孟子幼年時因屋住墳墓附近，學著埋葬死人，又哭、又燒紙錢，這也是錯誤，因孟子時代，紙還沒有發明呢！又有一次看電視上「七世夫妻」的戲，其中有一台詞說某人的相貌比潘安還美，潘安是晉朝時人，那時是戰國時代，他尚未出生，如何比法。不久前，演歷史劇，其中有台詞說「我們來杯葛他！」現代人可以聽得懂其含意，實際上，也鬧了笑話，因爲「杯葛」是一個英國軍官的譯名，後來才轉用爲形容詞的。總之，歷史劇的對白，要文，又不能太文，太文了，一般人聽不懂，要白，又不能太白，太現代化，稍不小心，也容易出錯。

㈣**結構**：戲劇對結構的要求，是佈局嚴謹，絲絲入扣，前後呼應，渾然一體。過去的平劇、地方戲，長短不會任意拖長。如今電視上的「歷史劇」，對結構的要求常有彈性，收視率好，可以一延再延，收視率不好，則一再濃縮，甚至半途腰斬草草結束也可以。在戲好延長時，勢必要灌水、拖戲，或者就是假想一些故事，虛構成篇，尤其是以人物爲主的歷史劇，如「包青天」、「黃飛鴻」、「濟公傳」、「鍾馗」……等，把別人的故事，也都放在他們身上，甚至利用神、鬼的説法，可以把唐朝的鍾馗，和宋朝的包拯，安排在一起演戲，眞是太荒謬可笑了。

歷史劇除了上述諸項，需提出檢討外，尚有服裝、道具、佈景、演員跪坐進退之動作，若與戲劇之時代背景不符，亦容易遭人詬病。服裝、道具、佈景，屬於美工人員之責任，演員跪坐進退動作，屬於導演之責任，非編劇人員所能掌控。舉例來說：我們常見唐朝時候的戲劇，牆上掛的是宋時文天祥寫的「正氣歌」；明朝時候的戲劇，牆上背景卻是清朝郎世寧的「百駿圖」；再者，春秋戰國時候的戲劇，用到紙筆寫信，古時有用竹帛爲紙者，但劇中常用竹簡，秦時以獸毛爲筆，到了漢時，仍有刀、筆並用者，又古時無蠟燭，惟稱「火炬」爲燭；北方以麻梗頭塗硫磺，用以發火，名之曰「取燈」，現今之「歷史劇」，往往不分朝代，皆用蠟燭，連油燈都很少用。

宋朝以前，雖有桌子、椅子，多半是跪坐。古之坐法，是自膝以下向後屈，而以尻坐於足上。而跪與坐雖相近，亦微有不同，跪者危也。又踞與蹲，也略有不同，韓詩外傳：「孟子妻，獨居踞，孟子入室視之，白其母曰，婦無禮。」可見古人對婦女行爲之重視。日本古裝歷史劇，跪與坐，分得很清楚的。

還有見面行禮，禮內則：「凡男拜尚左手，女拜尚右手。按尚者，上也。今拜則兩手相對，古拜則兩手相交。」現今之歷史劇，男女相拜，已不分左右矣。

清朝是滿人統治中國，其服裝，男人有馬蹄袖，官服胸前之圖案，與官位大小、品級高低有關，現今也多半忽略。滿人之禮節、稱謂亦與宋、明不同，若不加注意，就常常出錯，這些都是製作人所應負責者，奈現今電視劇製作人，對歷代社會事物、風俗有研究者不多，只求場面人多、打鬥劇烈，多穿插美女出浴情節，就可吸引觀眾矣。

六、歷史劇的走向

歷史劇值得檢討的地方太多，因此，目前電視上的歷史戲劇，不再強調是「歷史劇」，以向觀眾作號召，而改走「古裝劇」、「民間故事」路線，標明是「××傳奇」、「戲說××」、「××演義……」這樣的劇名，就可以避過歷史專家的指摘，好在，它只是娛樂觀眾，並不想「教化觀眾」，何必背上「歷史」的包袱。

說到這裡，想到不久前，報上刊出一則新聞，內容敘述某電視台將播出「李登輝的故事」電視劇，劇中有一段情節，是說李登輝先生在留學日本的時候，與彭明敏是同學，二人曾同在一處溫泉共浴。新聞旁邊還刊登了二人同浴時的劇照。過了不久，彭明敏即在報紙上提出抗議，聲明他在日本留學時，從未與李登輝在一起洗過澡，希刪除此一情節。

這是現代人的故事，還會發生這樣的問題，早幾千年、幾百年的歷史劇，與眞實的歷史，不相符合的事情，還多著呢！只是當時的古人，現已不在人世，無法提出抗議而已。

最後，我想說的是編劇家以歷史為題材，編成戲劇來演出，中外皆有，不足為奇。而在「歷史劇」中，依據歷史小說、傳聞筆記來加油添醬強化劇情，以吸引觀衆來觀賞，也是無可厚非的事，只要不太離譜，不顚倒是非黑白，不過分違背史實，歷史學者也不妨少指摘、多鼓勵，以有利於作家的創作空間。

若硬要歷史劇完全百分之百符合歷史，不再強調其戲劇性，則劇作者，只能多編寫「時裝劇」，而放棄「歷史劇」了，對廣大的觀衆來說，就是很大的損失了。

（本文發表於八十五年六月廿四—廿七日「青年日報」）

評平劇「香妃恨」

最近復興劇校國劇團，應「臺北市藝術季」之邀請，於臺北市社教館演出三天平劇，其中，由該團當家花旦趙復芬擔綱演出之「香妃恨」平劇，最爲各方矚目，這是名伶顧正秋當年親授王復蓉，再傳趙復芬的一齣獨門壓箱戲，已有五、六年未有演唱過，過去，王復蓉還曾赴美演出過此戲，此次演出時，加強了回疆的服裝及回疆佈景。內容方面，也作了不少的修正，記得過去演出時，香妃一上場，爲配合香妃體有異香的特色，全場用噴筒噴灑明星花露水助陣，如今，則已改用香水到冷氣口散吹，證實，時代確在不斷地進步中。

筆者十餘年前，因製作「香妃」之電視連續劇，對回疆美女香妃，情有獨鍾，茲將此次觀劇時，發現的一些舛誤提出來，向復興劇團建議，希望來日，若再演唱時，不妨稍加修正，當可更臻完美矣。

查「香妃恨」之平劇劇本，出自民國初年胡梯維之手筆，民國廿二年上海大東書局印行之「戲考」第卅冊，曾有收錄，此間第一文化社出版聆香館主編纂之「戲曲」第三集中，亦有刊出。

其一：女主角香妃，說是回族高士沙丘之女，小名天香，這是編劇者杜撰，缺乏考據的。按「香妃」，是漢人因她體有異香，且爲回族小王爺的妃子，乃稱之曰「香妃」。事實上，她是回疆維吾爾族人，她名字維吾爾發音是「買木日艾則木」，也有稱「瑪珥兒阿孜心」，信奉伊斯蘭教，教名：「伊帕爾罕」，譯成中文是「香美人」之意，若以突厥子母拼音法，則爲「璣月依妲什」。她父名「群和加」，係教中名宿，又名「帕力思」，劇中大和卓木既名布那敦，則香妃應名伊帕爾較爲妥當，其劇中自報名號，不妨更改爲：父名帕力思，本宮名伊帕爾，乃喀什噶爾人氏。（並非和闐人也）

其二：劇中布那敦之弟小和卓木霍集占，是清史上都有記載的，現誤爲「霍集古」，是極大錯誤，應即改正，查清史回部貝勒霍集斯傳：「子二，長布拉呢敦，次霍集占」，即是最可靠的依據。

其三：劇中出現巴達克酋長吉利哈，這也是與史實不符的，回疆史上一再提及此人，係兆惠平定回疆之關鍵人物，實名「素勒坦沙」、或「素爾坦沙」，絕不是「吉利哈」。

其四：劇中出現二位皇宮中之妃子，一名瑾妃，一名梅妃，這也是錯誤的，按「清后妃傳」記載，乾隆一生，共有三個皇后、五個貴妃、十一個妃子、六個嬪、四個貴人，在妃子的名單中，找不出有瑾妃、梅妃。按香妃入宮之時間，是在乾隆廿五年，至乾隆廿八年賜死，此時出場之妃子，應改爲「穎妃」、「愉妃」爲宜。

其五，劇中出現紀昀一角，值得商榷。按紀昀即紀曉嵐，雖是乾隆朝之紅人，但在乾隆廿五年時，他尚在擔任會試同考官，他謫戍至回疆的烏魯木齊，是在乾隆卅三年，奉詔還京擢升爲侍讀，是卅六年事，乾隆卅八年「四庫全書」開館，任總纂官，直至乾隆五十五年全書大功告成，前後經歷十七年。香妃入宮時，他尚未去到新疆。

此時，香妃早已被太后賜死，他說「太監下面沒有了」，及「老頭子」等笑話，於此劇中作穿插，頗有時光倒置，格格不入之感，不如刪除爲宜，按民國廿二年出版之「香妃恨」劇本中，我也未發現有此一穿插。

再者，劇中乾隆初見香妃時，一再讚美香妃說她有沈魚落雁，閉月羞花之貌，是國色天香的絕代佳人，但未有一句台詞，提及她「體有異香」的特徵，直至最後一場，欲用香妃用過的水來洗臉，才提及她有「異香」，似乎晚了一點，若能初次相見時，即強調異香撲鼻，或香味令人陶醉，豈不更好。

又乾隆香妃之故事，發生在乾隆廿五年，是時乾隆已五十歲，而劇中乾隆未有鬍鬚之裝扮，與事實也不符，再次扮演者，希能改正。

最後，要說的是香妃被太后賜死一節，在劇中，是賜一寶劍令其自刎，而香妃則是取自己身佩之短刀自盡。按王闓運所撰「今列女傳」中記載是「絞而殺之」，黃鴻壽之「清史紀事本末」是寫的「縊殺之」。民國成立後，展出之「香妃戎裝像」下的文字事略，是寫的「賜縊死」，小橫香室主人編的「清宮遺聞」中：「記回部香妃」，寫的也是「引入旁室縊之」，只有梁寒操寫的「香妃遺蹟記載」文中說的是「乃女飲毒完節」，略有不同。按古時君王賜死，對男子，多半賜劍令其自刎，對女子，絕大多數是賜以白綾縊死，現劇中不用白綾，卻賜以寶劍自刎，與史實不合，再次演出時，盼能改用白綾縊死，較爲妥貼。

上述諸點，係依據歷史考證而提出，深盼復興劇團能考慮採納，今後再演「香妃恨」一劇時，益臻完美之境地，是否允當，還望劇壇高明之士，有以教正。

（本文發表於八十年六月九日「大成報」）

「香妃」舞劇的演出與劇評

一

最近，中華民國舞蹈學會應臺北市政府之邀，於八十六年四月間在國父紀念館，爲配合臺北音樂季，特隆重演出「香妃」之舞劇，由江文也作曲，賴秀峰編劇，舞蹈名家李天民爲藝術總監，舞者均穿著傳統的清裝，以芭蕾舞形式演出，現場並由臺北市立交響樂團演奏，是一次歷史性的公演，值得爲之一記。

按「香妃」的故事，發生在滿清乾隆年間，回疆女子伊帕爾，原是小王爺霍集占的妃子，因被俘進入清宮，乾隆十分喜愛，欲納爲妃嬪，因其堅貞不屈，不爲富貴所迷惑，最後爲皇太后賜死，故事淒美動人，將之編成戲劇之形式演出者甚多，茲就我所知，先向大家作一綜合性的報導。

二

最早將此一故事編成劇本演出的是「平劇」，劇名爲「香妃恨」，由胡梯維編劇，最早由顧正秋女士將此劇本帶來臺灣，復興劇校民國八十年曾在臺北社教館演出過，演出時還全場噴灑香水，以配合香妃之特色。

其次是「詩劇」，由曾在新疆擔任過專員的水建彤先生編寫，完成於民國卅三年，全劇共分五幕十八景，用詩歌之形式寫成，作者爲求譜曲之方便，並轉譯成阿拉伯突厥文，其中音韻及雙關語的運用，特別注意，因佈景過多，未有演出過，但曾有出版過，我有此劇之孤本。

「舞台劇」方面，有多人編寫，抗戰以前，有顧青海先生編寫，在文學雜誌上刊登過，全劇共三幕，套用平劇的情節。民國四十年前後，有趙之誠編劇，自由劇藝社在「新南陽」演出過，黃曼、李影、黃宗迅等演出。

五十二年，又由賈亦棣編寫「香妃」之話劇，先在香港由「南國劇社」演出，由鄭佩佩、江青輪流飾演香妃，民國六十年，正中書局出版單行本，七十七年六月，在臺北也曾演出過，在「國軍文藝活動中心」由眞善美劇團獻演。此外，在法國，有一羅拔夫人Mme Rouble Jausky，也曾編寫過法語的「香妃」舞台劇，名蒐藏家李鴻球先生曾在法國旅遊時，在巴黎之「藝術廣場」觀賞過。

「電影」之劇本，最早在民國廿九年，有一合衆電影公司，曾拍攝過「香妃」之電影，由王熙春演香妃，朱石麟導演。到民國四十年間，香港之電懋、邵氏兩大公司，均有興趣拍攝此片，名劇作家唐紹華先生（即李翰祥拍「西施」一片之編劇），曾專程去新疆蒐集資料，完成了電影劇本，他並寫有「會見了香妃鄉親」的專文發表，唯因香港不易覓得沙漠城市之外景而未有拍攝，殊爲可惜。

「廣播劇」，由但仁先生編寫，劇名改爲「沙漠貞魂」，於民國五十年前後，在臺灣教育廣播電台播出過，我也曾編寫過「乾隆與香妃」的廣播劇，於民國八十年十月，在漢聲廣播電台「千古風流人物」劇系中播出過，迄今我仍保留此劇之錄音帶，由于潤蘭、袁光麟演播香妃與乾隆，十分成功。此劇蒐集於八十七年出版之「姜龍昭劇選第三集」中。

「電視劇」可分三方面來講，㈠歌唱劇，最早於五十九年在中視「歌聲舞影」節目中播出，由楊濤先生編劇。㈡單元劇部分，由章君穀先生編寫，分上、下兩集，每集九十分鐘，別名「天山美女」，六十四年十二月臺視播出，由陳沙莉演香妃。㈢連續劇部分，由我負責製作、王方曙、鍾雷、賈亦棣、朱順官四人聯合編劇，六十四年十二月十一日起至六十五年二月十一日播畢，共五十一集，每集一小時，主題曲由鍾雷作詞，李中和作曲，此劇之錄影帶，於六十六、六十七年間，曾外銷至美國舊金山、紐約等電視台播映，由張琍敏演香妃，吳風演乾隆，播映時極獲好評，唯此劇已消磁，無有保存，十分可惜。

因著「香妃」電視連續劇之播出轟動，在日本引起迴響，民國七十一年二月七日，日本演出了「香妃」之歌劇。該歌劇由日本樂聖山田耕筰作曲、編劇，團伊玖磨指揮，二期會合唱團與日本樂劇協會合作，於東京文化會館盛大公演，乾隆皇帝由丹羽勝海飾演，香妃一角由中沢桂、東敦子二人輪流擔任。太后由安念千惠子擔任，郎世寧由栗林義信飾演，我現在保存有該劇之錄影帶，中國人的故事，由日本人編成歌劇演出，殊為少見。

三

自從政府開放以後，大陸上，亦演出不少有關「香妃」之戲劇，大陸上友人知道我喜歡研究「香妃」，特將「新聞」、「劇照」及有關資料寄給我，我發覺他們的戲劇亦配合「政治」的要求。在結尾部分將之修改，在「種族團結」的政策號召下，香妃最後變成了「容妃」，即順從了乾隆皇帝的心意，做了他的妃子，並未被太后賜死，是一圓滿的喜劇收場，與傳統的情節不一樣。

臺北此次演出「香妃」之「舞劇」，可說是「香妃」戲劇有史以來的破天荒第一遭。為保持歷史性的記錄，該劇由賴秀峰編劇，賴秀峰、姚明麗、阿依吐拉三人編舞，全劇共三幕，由江文也編曲，全劇無 句台詞，全都用舞蹈動作來表達劇情。第一幕兩景，第二幕一景，第三幕兩景，由王倩如、黃琤圈輪流演香妃，范光麟、陳武康輪流演乾隆皇帝，吳素芬、李佳璟輪流演太后，王美華、尹小蘭輪流演皇后。

其餘擔任之舞者，均有深厚的舞蹈根基，巴蕾舞之身段、舞步、跳躍均具有相當之水準，佈景之設計亦有創新的安排，如太后身邊的三隻仙鶴之穿插，頗有創意。

觀畢「香妃」之舞劇，也有幾點拙見，提供中華民國舞蹈學會參考。

㈠演出特刊上說：「香妃是清乾隆年間新疆的國王霍集占的妻子」，這是錯誤的，滿清時代稱「回疆」不叫「新疆」，新疆是中華民國推翻滿清以後，始改稱爲「新疆」的。同時：霍集占是當時回疆天山北路喀什部落的族酋，並非國王，族酋回語稱爲「和卓木」，當時該地有弟兄二人，共同掌轄政權，兄名布那敦，稱爲大和卓亦名「大王爺」；弟名霍集占，稱爲小和卓，亦稱之謂「小王爺」，兄弟二人有意脫離滿清統治，自立爲王，乾隆乃派兆惠將軍將之征服之，香妃是霍集占之王妃，並非妻子，按回疆族人係多妻制，一個王爺可以有好幾個王妃，霍集占另一妃子亦被俘，因順從乾隆，被正式冊封爲「容妃」，與香妃還有表親關係，唯二人籍貫不同，容妃是葉爾羌人，香妃是喀什噶爾人，兩地相隔有一段距離，因同爲回疆維吾爾族人，容易使人混淆也。

㈡演出特刊上說：「香妃賜死後，葬於京城南部陶然亭，石碑刻有『香塚』」，碑後刻有闕文：「浩浩愁，茫茫劫，短歌終，明月缺，鬱鬱佳城，中有碧血，碧亦有時盡，血亦有時滅，一縷香魂無斷絕。是耶，非耶？願化蝴蝶。」並傳說，此爲乾隆帝示意翰林院紀曉嵐所作。亦與實情略有出入，特更正說明如下：上述之碑上闕文，我曾在多種書籍上見及，民國七十九年爲明究竟，我曾親自去北京陶然亭察看，發現「香塚」早已被剷平不見，原來當年，該處是一荒蕪之「亂葬崗」，香妃被太后秘密處死後，即草率先被埋葬於此，爲便於辨認，墳前乃立一「香塚」石碑。乾隆本已命令一家「樣子雷」的店家（按此店是專爲皇帝設計陵寢建築圖樣的工程專家，舉凡清代宮殿陵寢、衙署、王府、橋樑……等工程，均由該店一手承辦）設計了「香妃陵宮圖樣」有意隆重遷葬，不意此事爲皇后偵悉，乃命人拆毀，香塚遂不復存在。此時幸有同籍回疆之容妃向皇上建議，始將香妃之遺體，移葬於回疆之喀什故鄉。

我民國七十九年去北京陶然亭，雖已看不到「香塚」之遺跡，唯仍看到「香塚」二字之石碑照片，陳列懸掛在新建的「陶然亭紀念館」內。

幸運的是知名的「老蓋仙」夏元瑜教授，生前知我考證香妃之事蹟，特贈送了我三張，他民國廿八、九年間，所拍攝的三種照片，他已保存了五十年，其中二張是墳景，一張照片拍攝的則是這石碑上的闕文，其中刻的字跡十分清楚，文字大致與上刊出者相同，唯有兩句不一樣。一爲「一縷香魂無斷絕」，石碑上刻的是「一縷煙痕無斷絕」，何以「香魂」二字隱去，改爲「煙痕」，我想是作者恐怕遭受「文字獄」的牽累，故意改刻。最後一句：「願化蝴蝶」則爲「化爲蝴蝶」。再者此文作者是誰？隱名不詳，傳說乾隆示意紀曉嵐所作，更是不可能。按香妃入宮是在乾隆廿五年至廿八年去世，這時紀曉嵐尚在山西省充會試同考官，距離他被貶至新疆相隔有五年之久，平劇「香妃恨」中有紀曉嵐（昀）之出場，也是大錯特錯，說此闕文係紀曉嵐所作，是跟著以訛傳訛。

㈢舞劇中「香妃」被賜死前，有一場太后與香妃之「雙人舞」，還有一場香妃自刎前之個人舞，這是有違史實的敗筆，來日若重演時，務必刪去。按乾隆初見香妃時，香妃才廿一、二歲，乾隆已五十歲，他是廿五歲登基做皇帝的。香妃被賜死時，他已五十三歲，而生他的太后（親生母親）是年是七十二歲，既要賜死她，還可能與之同舞嗎？再者根據清王闓運所撰「今列女傳·母儀」篇中記述，她是趁乾隆皇帝去祭天時，命人將之絞殺，爲恐皇帝趕回攔阻，特當門而坐，皇帝趕回叩門也不得入，以額觸扉，臣御號泣，聞于內外，太后絞殺回女，待其氣絕，撫之以冷，乃啓門容帝進入，繼而母子相擁涕泣」。若依此描述演出劇情，當較目前演出情景，更爲動人。絞殺與拿刀自刎，不一樣也。

㈣按演出特刊上介紹此劇之作曲家江文也：「廿二歲那年，他開始追隨日本樂壇巨匠山曲耕筰常笑作曲」，事實上，文字應修正爲「追隨日本樂壇巨匠山田耕筰研究作曲」才正確，可能是「手民不察」所誤。又從另一報紙發表之資料上說：江文也於一九四〇年完成大型舞劇「香妃」，同年冬，由東京「高田舞蹈團」首演，轟動樂界，一九四二年「香妃」歌舞劇，又在北京演出。按江文也出生於一九一〇年（民前一年），一九二三年赴日本讀書，時僅十三歲，一九三二年，師從山田耕筰研究作曲，時年廿二歲，至一九四〇年完成香妃歌舞劇，僅學了八年，卅歲就完成此一大型歌劇，可說是一天才。

一九四〇年中日抗戰期間，（民國廿九年），一九四二年（民國卅一年）北京屬華北日軍統治淪陷地區，當時，我尚年幼，無緣觀賞，但民國廿六年，北京尚未淪陷前，曾有北京大學清史名教授孟森先生發表了一篇「香妃考實」的文章，敘述香妃並無其人，只有容妃爲「清史稿」上有記載的，江文也未有見到該文嗎？他何以會有創作此一歌劇之靈感，實在令人難以猜透？

再者，我手邊現保存有一段珍貴的日本演出歌劇「香妃」的錄影帶，節目演出前，有一段記者訪問該劇音樂指揮團伊玖磨先生的談話，團伊玖磨手上拿了厚厚一大疊的曲譜原稿，證明此劇作曲家，爲創作此劇，花了不少心血，而該歌劇的作曲者，就是山田耕筰，也就是江文也的老師。

我不清楚山田耕筰出生於那一年？但我推想，他的年紀一定比江文也大，民國七十一年時，可能早已去世，他是否去過新疆？我不得而知。他是個日本人，何以會編中國人「香妃」的歌劇？最近，我重看了此劇之錄影帶，終於找到了答案，原來在他編的「歌劇」中有意大利畫家郎世寧的上場，而江文也的「舞劇」，卻沒有郎世寧這一關鍵人物出場，這是十分可惜的。

按可以證明世上確有「香妃」存在的，除了「香妃墓」以外，唯有王闓運之文字記載，其他清史上，因恐觸犯大清的文字獄，惹禍上身，早已删除得片字不剩，如今可證明確有香妃者，唯有郎世寧繪的「香妃畫像」。郎除繪了香妃一人之單獨畫像外，尚有香妃與乾隆畫在一起的八幅畫像，統稱謂：「海西八珍」。這八幅畫像，因當年八國聯軍攻入圓明園被英人、法人搶去了幾幅，日本方面，搶去兩幅，其中一幅名爲：「御苑春蒐圖」，是春天打獵的意思。我曾在日本昭和卅八年（民國五十二年）出版的一本日文「美術雜誌」上看到全圖之黑白版，又在昭和四十年（民國五十八年）在日文「中華帝國之崩壞」一書中，看到該圖的局部彩色版，日本人自稱此圖是：在民國初年，爲一中國高級官員，贈送給日本某高級軍事顧問，並非掠奪得來，我寫之「香妃考證研究」一書中，曾刊出此畫之黑白全圖，此畫現爲日本藤井「齋成有鄰館」蒐藏。另外一幅是「扈蹕閱鞠圖」，是香妃陪在乾隆身邊，在圓明園內「諧趣園」殿前，觀賞回女騎在馬上，打馬球的遊戲，此圖亦在上述之日文「美術雜誌」看到過，台北「故宮文物」雜誌上亦有轉載。漢文本「郎世寧宮廷畫專集」中，亦有此圖，現爲日本「京都博物館」所蒐藏。

日本人知道「香妃」的故事，是滿清被推翻，民國成立以後的事，最先是民國三年在北京展出「香妃」個人之戎裝後（此像現爲此間外雙溪故宮博物院珍藏），民國十年後演出「香妃恨」之平劇，香妃之故事，乃廣傳國際，因法國居美博物館，亦藏有郎世寧之「香妃畫像」，乃有「法語香妃舞台劇」之演出。

我不清楚山田耕筰創作之「香妃」歌劇，完成於那一年？我現有的是民國七十一年二月七日日本演出時的錄影帶，而江文也的舞劇，則完成於民國廿九年（一九四〇年）似較他老師的作品爲早，還是老師參考了他的作品，才著手編寫「歌劇」的，就不得而知了，深黯日本山田耕筰樂聖生平資訊的朋友，希有以教我。

（本文發表於八十六年六月廿二日「青年日報」）

「香妃」的身世說明

八十三年，在青年日報副刊上讀到許薌君女士寫的「香妃的時代悲劇」文章，樸月女士寫的「埋香恨」的中篇小說，覺得「香妃」這一回疆女子，居然，仍爲社會大衆所關注，眞是有說不出的興奮。

民國六十四年我在中國電視公司製作「香妃」的國語連續劇，從此，我對香妃這一歷史人物，發生了考證的興趣，究竟她是否確有其人，或是與容妃是同一個人，許薌君文中說：「這兩種說法，專家學者各執一詞，依舊沒有得到確定的答案。」

事實上，答案早已有了，只是許女士可能尙未知道而已。

我於民國六十五年一月開始，先在聯合報副刊發表「香妃之研究」一文，繼而又在「新生報」發表「香妃之考證」、「幼獅文藝」發表「香妃之畫像」，七十六年在臺灣日報發表「香妃之小說與戲劇」、「香妃之墓」等文字。

七十八年我將這些文字，配合我蒐集到的有關香妃之圖片，出版了一本「香妃考證研究」的書，原以爲此事可告一段落。

孰知七十八年，高陽先生去了一趟大陸，回來後，因受大陸政策的影響，與我在聯合報為香妃問題，展開了筆戰，於七十九年結束，及後，我與東門草先生又在臺灣立報，繼續展開討論，為時一年，最後才知東門草是筆名，他人在大陸，因大陸政策的影響，認為「香妃就是容妃」，但眞理越辯越明的情況下，最後，他完全同意我的看法，香妃確有其人，容妃另有其人，二人不能混為一談。

八十年三月，有曾在中央研究院工作的莊練先生，又為了香妃與我在「中央日報」展開辯論，他所依據的資料，是大陸上出版的一本「香妃」書籍，原來，民國六十八年十月，在大陸河北省遵化縣，已打開了容妃的墓，發現容妃之屍體及遺物，乃加以整理，因該墓之打開，在大陸上，接連三年（民國六十八年至七十年），引起了一連串的筆戰，有人認為容妃即香妃，有人駁斥此說，結果中共當局為統一說法，乃編印「香妃」一書，於一九八五年八月出版（即民國七十四年），此書由于善浦、董乃強二人主編。

我過去未看到此書，蒙莊練先生寄此書給我過目，仔細研讀後，才知中共當局，為拉攏回疆民族，不再勾起過去種族間之仇恨往事，儘量扭曲眞相，強調香妃就是容妃，二人實是一人，書中一再標榜「容妃」，說她人格高尚識大體，從了乾隆，做了他的嬪妃，十分偉大，有助於清朝與回族之和好，是一了不起的女性，而一般戲劇小說所寫之「香妃」，因不從乾隆而被皇太后賜死之事實，是無聊文人虛構之人物，不足採信。

但事實並非如中共所說，我蒐集到不少「香妃」確實存在的人證、物證，我依據民國三十二年到六十八年之各項珍貴文獻資料，完成了一份最眞切的「香妃、容妃家族世系表」（

附錄於後可參閱），把二人的曾祖、祖父、母、親友關係弄得清清楚楚，中共爲混淆視聽，還故意更改香妃父親的名字，說成與容妃的父親同名，這種卑劣的作法，眞令人可笑復可恥。

八十一年三月，我出版了「香妃考證研究」續集，把我這些年陸續蒐集到的圖片、資料，一一呈現在讀者面前，竟想不到的是這本續集，竟流傳到了大陸，不久由大陸河北省遵化縣寄來一封信，是出版是書的「文史哲出版社」轉給我的，寄信的人，就是在大陸上編輯「香妃」一書的于善浦先生，他說他看到了我的這本「香妃考證研究」續集，對我十分欽佩，他是大陸上研究「香妃」的專家，但他要拜我做「師兄」，他認爲我所考證的資料，深具可信任，願意與我結爲好友，並邀我去大陸晤面。

但，我並不以此自滿，八十一年七月，我與太太柯玉雪，特不遠千里，專程去新疆喀什噶爾香妃的故鄉，造訪「香妃墓」，拍了不少照片，訪問了不少新疆的民衆，歸來後，也曾在「中央日報」、「臺灣日報」等發表文章。同年八月間，中華文化復興總會，特邀我在「文苑」，作公開「揭開香妃之謎」的文藝講座。

中共現把「喀什噶爾」簡稱爲「喀什」，並大批移民到新疆，把維吾爾族的居民與漢人居民的百分比拉平，一些年輕的維吾爾居民，已不清楚「香妃」的事蹟，我盼望在臺灣的知識份子，能認清這一事實，不要再說「香妃與容妃，是否同一人，尚無確定答案」。

關於我親訪香妃故鄉之見聞，可參閱「走訪維吾爾族」一文。

（本文發表於八十三年六月五日「青年日報」）

香妃、容妃家族世系表

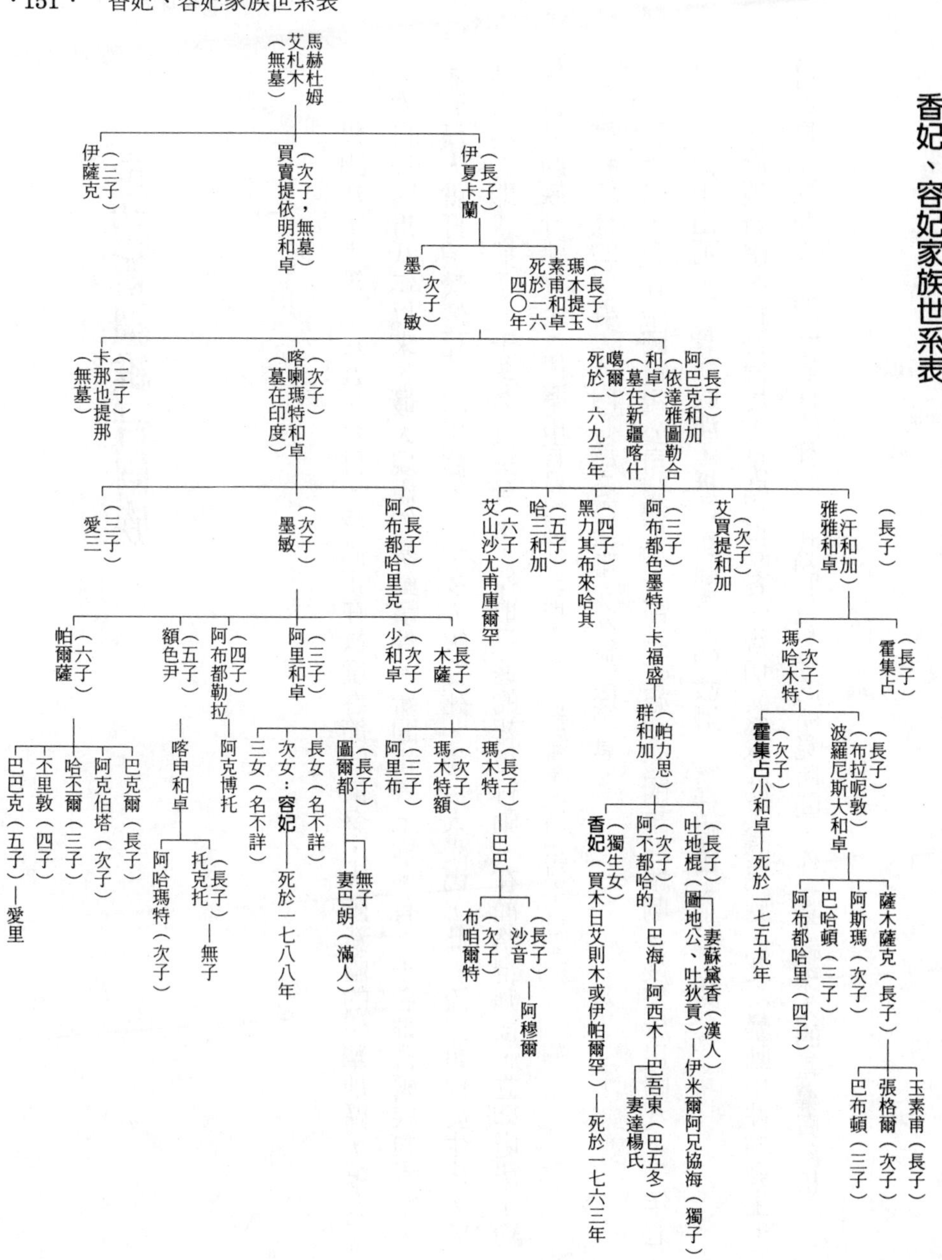
馬赫杜姆艾札木（無墓）
（長子）伊夏卡蘭
（次子，無墓）買賣提依明和卓
（三子）伊薩克
（長子）瑪木提玉素甫和卓死於一六四〇年
（次子）墨敏
（長子）阿巴克和加（依達雅圖勒合和卓）（墓在新疆喀什噶爾）死於一六九三年
（次子）喀喇瑪特和卓（墓在印度）
（三子）卡那也提那（無墓）
（長子）
（汗和加）雅雅和卓
（次子）艾買提和加
（三子）阿布都色墨特—卡福盛—（帕力思）群和加
（四子）黑力其布來哈其
（五子）哈三和加
（六子）艾山沙尤甫庫爾罕
（長子）霍集占
（次子）瑪哈木特
（長子）（布拉呢敦）波羅尼斯大和卓
（次子）霍集占小和卓—死於一七五九年
薩木薩克（長子）
玉素甫（長子）
張格爾（次子）
巴布頓（三子）
阿斯瑪（次子）
巴哈頓（三子）
阿布都哈里（四子）
（長子）吐地棍（圖地公、吐狄賈）—伊米爾阿兄協海（獨子）
妻蘇黛香（漢人）
（次子）阿不都哈的—巴海—阿西木—巴吾東（巴五冬）
妻達楊氏
（獨生女）香妃（買木日艾則木或伊帕爾罕）—死於一七六三年
（長子）阿布都哈里克
（次子）墨敏
（三子）愛三
（長子）木薩
（次子）少和卓
（三子）阿里和卓
（四子）阿布都勒拉—阿克博托
（五子）額色尹—喀申和卓
（六子）帕爾薩
（長子）瑪木特—巴巴
（長子）沙音—阿穆爾
（次子）布咱爾特
（次子）瑪木特額
（三子）阿里布
（長子）圖爾都—妻巴朗（滿人）
無子
長女（名不詳）
次女：容妃—死於一七八八年
三女（名不詳）
（長子）托克托—無子
阿哈瑪特（次子）
巴克爾（長子）
阿克伯塔（次子）
哈丕爾（三子）
丕里敦（四子）
巴巴克（五子）—愛里

走訪新疆維吾爾族

一

民國八十六年二月五、六日，我們正在歡度春節的前夕，大陸新疆的伊犁地區，爆發了一次自民國卅八年以來，最大規模的暴動事件。新聞報導上稱：有上千名維吾爾族的青年，看到漢人就打，焚燒死者的屍體，有十多人被打死，逾百人受傷，此一流血事件發生後，中共當局立即逮捕了一千多名抗議分子，採取迅速的報復行動，在簡略審判後，立即處決了約一百名回族分離分子，伊寧市官員對外宣稱，此一暴亂事件已告平息。

讀到這樣的報導，我內心為之震撼，久久無法平息。

廿年前，我在中國電視公司製作過一部「香妃」的國語連續劇，後來於民國八十一年七月，不惜千山萬水，長途跋涉，抵達新疆香妃的故鄉「喀什噶爾」去一探究竟。

我發現新疆的維吾爾族人是熱情好客、親切又樂於助人的民族，此次暴動事件的發生，可說是「六四天安門」事件的翻版，我願將親身的所見所聞，作一番較深入的報導與剖析。

二

「新疆」的土地，廣袤遼闊，面積一百六十五萬平方公里，有臺灣四十五個這麼大，但沙漠一片，黃沙滾滾，因地廣人稀，久久看不到人煙。當地的人口，據中共七年前的資料，是一千四百五十四萬餘，還不及臺灣的人口三分之二，其中維吾爾族人，約近八百萬，超過全新疆總人數的一半，漢人自中共統治後，大量的移民，亦僅佔百分之卅七，其餘有蒙古人、滿人、哈薩克、俄羅斯、錫伯、塔吉克、烏孜別克、塔塔爾、達斡爾等少數民族。此次暴動之伊寧市，更是許多民族雜居的城市，也是伊犁各地工業中心和主要物資集散地。

這次煽起暴動的首領，是年僅廿九歲的海利里；去年就曾策動反共示威，於接受教改後釋放，這一次捲土重來，可能是凶多吉少了。

在中國的歷史上，維吾爾族的祖先，就是突厥，也是匈奴的別種，一向在大漠以北活動，到了隋、唐之際，聲勢漸形強盛，在漠北分東、西二部，後爲回紇所滅。唐代宗時，朔方節度使郭子儀屯兵河中，回紇數十萬兵馬曾將之圍困，當時，郭子儀單騎深入敵營，將之說服，回紇不戰而退，歷史上曾有明確的記載，可見，此一民族雖兇悍，但可以德服之。

自回教，亦即伊斯蘭教傳入後，一般又稱之謂回回，亦有稱「纏回」、「纏頭回」、「青回回」諸不同之稱謂。

民國成立後，回疆改名爲新疆。過去香妃被清太后賜死之事蹟，始見諸於文字、及香妃圖像之公開展覽。

自中共統治大陸後，先是在新疆成立了不少勞改營，將各地一些反動分子，及一批年輕學生，下鄉移民至新疆勞改、拓荒，一面以通婚等方式，宣揚種族之團結，以人口來抵銷維吾爾族人在當地佔多數的優勢。

我去新疆僅停留半月之久，又因不諳維吾爾語，無法與維族人士直接交談，但與當地居民接觸，有下列數項，留下深刻的印象：

㈠中共因人口膨脹，規定一對夫婦只准生一個孩子，但在新疆，生養孩子，不受此一禁令限制，但生活則十分貧苦。導遊帶我們去造訪時，居民均十分熱情的接待我們參觀。我發覺他們農家都無豬舍，養的都是羊隻，因回教不吃豬肉，連豬的名字都不准提。可見他們宗教信仰十分虔誠，小孩自小，就去回教教堂做禮拜，長大後，只知有伊斯蘭教，不知世上尚有佛教、基督教、天主教等其他宗教。

㈡當地居民屋內無桌椅，均席地而坐，地上舖有地毯，內子當時內急，要上廁所，他們就引領至後院，泥土地上挖有凹坑，就地解決，四周亦無半點擋風設備，可謂相當落後。當地的交通工具，腳踏車已相當高級，一般是牛車，或小毛驢來代步。

㈢維吾爾族人自小就喜愛唱歌、跳舞，小孩子會跳，大人也如此，天性淳樸活潑，一副與世無爭、怡然自得的神態，看起來，很易與人相處，我曾訪問當地一名維吾爾族考古專員，他會說國語，他說信奉伊斯蘭教的人，死後一律剃光毛髮、沐浴後，塗上香料，用白布長條包裹，男人包二層，女人包三層，下葬於地下三米深之墓穴中，不用棺木，也不允許任何物品陪葬，表示人「生不帶來，死不帶去」。

三

維吾爾族人，不但有自己的宗教信仰，有自己的文字和語言，再加上血統與漢人不一樣，他們膚色、面貌、眼睛，一看就是外國人，與中國人不同。中共雖大批大批的移民，我曾遇見一些上海去的移民，乃以上海話與之交談，問他們可想回上海去，他們表示很想回去，但飛機票太貴了，以他們的收入，一年不吃不喝，也不夠買一張飛機票，如何回去？只好認命，老死在他鄉了。問他們可有與當地維吾爾女子通婚的，他們說很少，因生活習慣不一樣，回人不吃豬肉，信仰也不一樣，有些勉強結合在一起，也常會中途離婚，所以，多半漢人還是找漢人結婚。

（本文發表於八十六年三月十三日「中央日報」）

評新編平劇「阿Q正傳」

一

近年來，國立復興劇校，在校長陳守讓的領導下，接連演出了好幾齣令人喝采的好戲，不久前，他們經過長時期排演的新編平劇：「阿Q正傳」，在社教館公演，又使愛好平劇的朋友，過了一次看好戲的癮，值得爲之一記。

「阿Q正傳」，是過去大陸上左翼作家聯盟領導人魯迅先生的短篇小說，因其刻劃小人物阿Q的病態性格，十分突出，因而轟動文壇，成爲國際聞名的名著小說，過去，因爲列入禁書，一些年輕人都沒看過原著，只是聽一些老作家們提起過。

而在大陸上，這本小說，自一九二一年發表後，曾被譯成法文、日文、英文、俄文，更出鋒頭的是五次被改編爲舞台劇，二次改編成電影演出過、拍攝過，更有人用漫畫、木刻、水墨畫、連環畫，以阿Q爲主角，出版了單行本。

我年輕時，曾在大陸看過原著小說，前幾年兩岸開放交流後，我曾在美國的洛杉磯看過「阿Q正傳」的電影，惟將之改編爲平劇上演，這還是首次品嘗，因平劇之改編，較諸電影、舞台劇，困難多矣，沒有相當的功力，不敢輕易嘗試。

二

復興劇校這次採用習志淦編劇、李連璧編曲演出「阿Q正傳」，他們都是大陸的名家，加上鍾傳幸的導演，及吳興國飾演阿Q主角的表演，可謂是一次珠聯璧合極難得的合作，難怪演出時，劇場的反應熱烈，頻頻喝采叫好。

阿Q是中國農村裡一個低賤的小人物，無固定的職業，只是有時爲人打打短工，維持生活，卅歲左右的年紀，猶孑然一身，他好吃懶做，又喜歡吹牛說大話，加上身體不結實，致常被人欺侮，但他被人揍後，喜歡自我安慰的說：「是兒子打老子」，採用精神勝利，聊以自我解嘲，遇上比他更弱小的人，他反過來欺凌對方，使自己有時也可揚眉吐氣。新編平劇中，依據原著推展劇情，十分流利順暢，其中假洋鬼子錢大少的出場，更增加了不少新的笑料，令人捧腹。

全劇分成兩大部分，前半部，敘述阿Q在未莊受人欺侮凌辱的情景，後半部描寫阿Q進城歸來後，志得意滿，讓人刮目相看的變化，形成強烈的對比，再加上新增的一場「夢境」戲，使阿Q對欺負過他的人，一一報復出氣，頗見劇作家的功力，是原著小說所缺乏的，十足喜劇的反諷手法。

最後，阿Q被誣告成「革命黨」，綁赴法場槍斃，全劇由喜入悲，中間缺乏旁襯人物，爲之說句公道話，似爲美中不足。好像阿Q被冤枉正法，是活該，竟無一人爲之一掬同情之淚，我覺得該劇若來日再上演，不妨在槍斃遊行時，加吳媽與之說一兩句公道話，較更能撫平看戲人的情緒，如今吳媽僅露臉出場，雖是原著如此，總覺此一人物，未能充分發揮作用，爲一憾事。

三

吳興國演出「阿Q」一角，無論化妝、造型、道白、肢體語言，均與原著精神符合貼切，不作第二人想，此外趙大爺、錢大少、以及王鬍、小尼姑、地保等人之配合，也確收牡丹綠葉之效。若干過分本土化的台詞，雖可收「劇場效果」，但破壞了全劇時代背景的統一。

再者，布景中；夢境一場，構想奇特新穎，十分可喜，只是公堂審案，背景用五色旗，有商榷之必要，因原著背景是宣統三年，是滿清末年，而五色旗是民國初年所懸掛，到民國十七年，始改爲「青天白日滿地紅」，爲免使觀衆印象模糊，可採用一般縣衙門公堂之景即可。

全劇布景之變換，機動而又迅速，突破傳統平劇之寫意方式，令人有耳目一新之感，值得提出來，表揚一番。

總之，新編平劇「阿Q正傳」，雖然有些許瑕疵，大體而言，演出仍是十分成功的。

（本文發表於八十五年七月十五日「青年日報」）

平劇「法門衆生相」評

八十二年復興劇校演出「徐九經升官記」一劇，轟動菊壇，今年復興劇校繼「徐」劇以後，又推出由余笑予導演的「法門衆生相」一劇，同樣爲各方所矚目，兩劇皆以丑角爲主角，剖陳官場的諸種醜態，爲諷刺的焦點，茲臚陳我觀賞此劇的觀感，以就教於方家。

「法門衆生相」一劇，脫胎於平劇「法門寺」，這並非老戲新演，而是有了大幅度的變動，走現代劇的路線，夾雜加黃梅調「戲中戲」的穿插，使觀衆欣賞到較以往「法門寺」更多的趣味，這種將平劇重新組合、重新加工的作法，未嘗不是使平劇符合時代腳步的一種新嘗試，値得加以支持與肯定。

「法門衆生相」有許多優點。其一、佈景之設計頗爲別緻，具有創意，如一開始推開寺前大門，到後面一連串運用屏風轉動，改變場景頗爲新穎，與以往傳統平劇「一桌二椅」的陳設迥然不同，負責佈景設計的田少鵬眞有一套。其二、能善用道具，如劇中賈貴，使用了三把大小不一的扇子，在不同的場合運用，是以往平劇所未見者。再者，劇中穿插了演出「拾玉鐲」的戲中戲，頗有莎士比亞名劇「哈姆雷特」的影子，但不牽強，渾成自然，只是我不贊成用黃梅調，破壞了全劇的統一性，應仍以平劇方式來演唱，也不必用賈貴來串演傅朋，安排傅朋出場演出，當更爲恰當。

唯全劇編寫，戲都放在丑角賈貴一人身上，而正派角色趙廉，內心矛盾衝突之戲，卻全被刪去，也值得商榷。按一般戲劇原理：主角多半是正面人物，「徐九經升官記」，雖亦以丑角爲主角，但劇中徐九經仍是一正面人物，而「法門衆生相」中之賈貴，則是一十足的反面人物，現在劇中爲之讓他在觀衆面前，大嘆身爲「奴中奴」的苦經、吐苦水，期望觀衆對此一人物，引起同情心、好感，事實上，不可能收到任何的效果，因爲他究竟是一十足的「小人」、「惡人」也。

猶如一強盜，在劇中大談做強盜的苦經，最後還是殺人做壞事，觀衆會同情他嗎？如若將強盜心中有了矛盾，緊要關頭起了善心，改變了作爲，做好事、救了人。這樣，才會使觀衆接納他、改變對他的看法。

如今劇中之賈貴並非如此，所以嘆苦經、吐苦水的戲，台詞雖很精彩，演出亦見功力，但就全劇戲劇結構而言，力氣花的不是地方，眞是十分可惜。

再如：全劇之轉變關鍵，只安排在趙夫人的暗中向賈貴送了一顆夜明珠、一罐臭豆腐，就扭轉了乾坤，也未免太神話，如意算盤了些。再說趙廉被扣押在法門寺，他的夫人會送「臭豆腐」去探望他，也未免欠合情理，若在這上面加波折、加戲，我想全劇可能更精彩些，芻蕘之見，未知編寫是劇之余笑予、李云彥二位以爲然否？

（本文發表於八十三年六月十日「大成報」）

電視戲劇的演變

現在的電視劇和以前不一樣。臺灣第一家電視臺——臺視，從民國五十一年開播以來，已有卅多年的歷史。而我在電視圈也工作了卅多年，與電視劇有密切的關係，從最先參與劇本的寫作與審查，到策劃與製作，其間的變化也實在很大。後來又在各大專院校，講授電視劇的編寫與製作。在我所寫的「戲劇編寫概要」中，有詳細的解說，若能仔細閱讀，必收獲很多。

今將電視劇的演變，分成兩大部份來說：甲、是製作上的演變。乙、是寫作上的演變。

甲、製作上的演變

製作上的演變。又可分成四個階段來說。

一、現場演出階段

從民國五十一年臺視開播開始，臺灣誕生了電視劇，迄至五十八年，中視尚未開播，這一階段，可稱之爲「現場演出階段」，因爲尚未有錄影機之設備也。

最早出現在螢光幕上的是「閩南語電視劇」，由閩南語節目促進會理事長王明山製作，每次的製作費用，僅三千元。第一齣戲，戲名叫「重回懷抱」，由張永祥編劇，唐冀戲劇指導，蘇麗華、張敏、金玫、石軍等主演。播出日期是五十一年十月十九日，臺視開播後的第九天，劇長半小時，只用一個景，全劇也不分場，只是半小時的獨幕舞台劇，搬上螢光幕演出而已。

第二週演出「拾金記」，仍是一個景，那時我已進入臺視工作，鑑於攝影棚內可以搭置好幾個景，就將劇本修改爲兩個景演出，以後電視劇，就改爲多景演出。

第一齣國語電視劇，劇名叫「浮生若夢」，劇長一小時，由朱白水編劇及製作，錢璐、曹健、焦姣、常楓等演員合作演出，陳爲潮戲劇指導，是根據一部廣播劇「畫像」改編而成，分了不少場，佈景也增加了，播出的日期是十一月十八日，因經過了一段時日的研討與改進，較諸第一齣的「閩南語電視劇」，是進步多了。

這以後，由於不斷的演出，在鏡頭的運用方面，劇本的編寫方面，以及佈景、道具的設置方面，均逐漸在經驗的累積上，有了改進；唯在基本演出條件上，仍有下列的各項限制：

㈠每齣戲的佈景，不能超過四個。

㈡每齣戲的出場人物，不能超過六個人。

(三)每齣戲的演出，均是現場一氣呵成，無法錄影播出，因錄影機的設備，當時的臺視公司尚無力購買。

(四)畫面是黑白播出。

此外，尚有三少：

(一)廣告少，因電視廣告的費用，遠較報紙、電臺的廣告費用爲高，一般廠商，均望而卻步。

(二)經費少，當時國語電視劇的編劇費一小時僅一千二百元，演員的酬勞，約爲六百元，一齣戲的全部經費約在七、八千元之間。

(三)觀衆少，當時電視機的總數量，約在三千架左右，不是家庭環境富裕的人家，很少有人購買電視機。

因於上述的諸種因素，我們可以想像得到，早期的電視劇，一切因陋就簡，與舞台劇的演出，可說僅是大同小異而已。

最早的「電視劇集」節目，是五十一年播出的，名叫「歡樂家園」，是由朱白水策劃製作的，每週播出一次，每次廿分鐘，由一個家庭中的父母、子女四人組成，由常楓、張冰玉、劉華、鈕喜、王陽等演出，每週表現一個不同的主題，如指導夫婦間消除誤會嫉妒，父母如何關心子女的健康與教育，兒童如何知道友愛、禮貌、孝道，家庭如何節儉、儲蓄、睦鄰、衛生、娛樂等，因寓教於樂，播出後深受觀衆歡迎。

五十二年又推出「溫暖人間」的電視單元劇節目，以「人間有溫暖，四季皆如春」爲主題，劇長四十分鐘，由洪禎勝製作；金馬、文泉戲劇指導，推出後亦深獲好評。

不久，又有「閩南語古裝電視劇」的節目，由葉明龍製作，專門播映臺灣的民間故事，由文心、施翠峯、鍾肇政等人輪流編寫劇本，具有相當的演出水準。

五十三年又有以年青人爲收視對象的「青春三鳳」，劇集性的電視劇誕生，由姜龍昭策劃，王戎製作，林璣、蔣娉、方靜靜、王戎等演出，完全以喜劇方式來闡述青春活力的劇情，可謂別具風格。

最早的一齣電視連續劇，是根據王藍的小說：「藍與黑」改編，分上中下三集播出，每週只播一集，由三人聯合編劇，王戎製作，此項嘗試，立刻受到廣大觀衆的讚賞，後來又接續演出過：「夢回青河」、「危巖」等劇。

這一階段演出的劇本，均由臺灣電視公司負責審查，通過後即可演出。

自五十一年到五十八年，臺灣僅有「臺視」一家電視公司，其「節目規範」中，規定電視劇，除需具有正確之社會意識，豐富之教育意義，並維護國家利益、民族尊嚴、政府法令、反共國策；重視我國固有倫理道德，自由世界之基本原則外，在劇情上：

㈠不得有倡導迷信邪說之表演。

㈡不得有鼓勵足以引起觀衆學習酗酒、賭博之表演。

㈢內容涉及兩性關係者，應愼重處理，其言詞、動作、穿著，不得淫穢下流。

㈣性犯罪及性變態，不得採用爲節目資料。

㈤對老弱殘疾、鰥寡孤獨者，應寄以同情，不得輕視或嘲笑。

㈥節目內容不得導致觀衆模仿：殘忍、貪婪、自私、欺詐、盜竊、兇殺、恐怖、犯罪之行爲。

㈦影響個人及家庭名譽之內容，除非確實其爲事實，且有助於法律公衆安全之維護者，不得處理。

㈧醫學上之解剖，或屍體之陳列，應避免引起觀衆恐怖之情緒。

㈨法律、醫學、及其他專門性意見，須符合法令，或被認爲正確合理者方可採用。

㈩政府法令禁止之歌曲、劇本及書刊，一律不得持用其全部或部份，作爲節目資料。

當時，因無第二家電視臺競爭，及爭奪廣告，故政府機關，雖不審查電視劇本，各電視劇製作人，均能遵守此種規定，從無有逾越之情事發生。

此一階段因電視劇均是現場演出，稍有不愼就會發生景片倒下，道具發生故障，穿幫、出糗等情事發生，尤其是演員臨場的忘詞，或是顚倒說錯了台詞，更是使導播爲之發脾氣罵人。

當時電視劇之作業程序，是演出三天前即開始排練，第一天對詞，第二天排地位，第三天總排，演員就必須「丟本」，在「磨戲」的過程中，一些道具必須準備妥當，小動作也必須熟練，演出當天，更是最緊張的一天。

先由美工人員，在攝影棚內搭好劇中所有的佈景，打好燈光，全體演員下午一時先在排演場再順排一次，做最後的修飾。四時整在攝影場景排，所有工作人員均必須參加。有導播、現場指導、製作人、製作助理、戲劇指導、音效、技術指導、美術指導、大小道具管理、攝影師、成音、燈光等，均排排坐著看戲。由導播主持，演員演到某一部分，隨時提示工作人員；例如如何換場，要求做何種效果，工作人員也提出問題及意見，當場研究，當場解決。演員也同時爲適應當時效果的需要而應變。有時爲適應需要，臨場做部分修改，在整齣戲排完後，再搶著在現場排修改部分。爲什麼要搶著排，因到五時多，就要清場，準備當日開播的節目了。

景排完畢後休息，準備用晚餐，餐後開始準備換衣化妝，等著九時上戲。

公司嚴格的規定演員在演出當天下午到公司後，絕對不准再離開公司，除非緊急必要，而必須經導播同意，並預計時間上、路程上趕回來絕對有把握，才能放行。

曾發生過二次意外事件，一次是曹健爲應導播要求，回家取西裝上衣，在松江路上出車禍，鎖骨骨折，面色如土，痛苦不堪。趕回公司他仍堅持著說：「沒關係，下戲後再去醫院。」可是曹健的肩膀，明顯的歪了，如何能演出？結果只能臨時改放映影片，送醫院，這一天開了「天窗」。

另一次，是「溫暖人間」節目。李虹因事外出，演出前十分鐘，仍未見回來，公司內所有人急成一團，眞所謂如「熱鍋上的螞蟻」一般。最後李虹終於在演出前一分鐘，連奔帶跑，進入臺視大樓。臉上掛著兩行熱淚，在臺視走廊上焦急奔跑的情形，至今令人記憶猶新。李虹不愧爲聰明而優秀的好演員，進場後，馬上平心靜氣，順應戲中角色之情緒演出。大家才大大的鬆了一口氣。

從此以後，公司嚴格規定，演員下午進公司後，絕對不准再出公司，有事則請他人代勞。還有一種情況，是演員排了三天戲，一切已就緒，孰知演出當天，突然病了發高燒，住在醫院裡，臨時又無法找人頂替，眞是急得不知如何是好，最後，是請他抱病進入攝影棚，勉強撐著，把戲演完。「現場演出」之艱苦，眞可謂是一言難盡。

這一階段知名演員，計有：曹健、葛香亭、魯直、傅碧輝、張冰玉、常楓、岳陽、丁強、韓甦、魏蘇、王宇、陶述、李虹、劉明、吳桓、江明、田文仲、陳淑芳等明星，事隔卅多年，有些已久不演戲了。

當時在攝影棚內作業的，只有兩架開麥拉，攝影師取景，要把開麥拉移來移去滿場飛，爲了換場，不能有絲毫差錯，五十分鐘的電視劇，要接著一氣呵成，可眞不容易。

二、錄影播出階段

從民國五十八年中視開播，首創連續劇，這才開始使用「錄影機」錄影播出，不再像前一階段「現場演出」那樣緊張，有差錯可以重來，眞是方便多了。至六十八年，這十年間，是連續劇的黃金時代。

五十八年十月，中視開播之初，推出第一部國語連續劇「晶晶」，每星期一至六，每天播出半小時，每集劇情連續，人物連續，故事感人，播出後至爲轟動。影響臺視也跟著播映「電視小說」，遂使連續劇成爲電視臺黃金時段中的主力節目，歷久不衰。「晶晶」一共播了一百零三集，才結束。接著播出「情旅」，也十分轟動。

在國語連續劇「晶晶」播出造成轟動的盛況後，中視又籌製閩南語連續劇，第一部是「玉蘭花」。

這時，一般的戲劇節目，分爲十五分鐘，三十分鐘，一小時，九十分鐘，及二小時的，大都每週播出一次，如「你、我、他」、「家有嬌妻」、「明星劇場」、「金獎劇場」。

民國六十年十月，華視正式開播，當時，有鑑於連續劇的吃香，首先播出的是：「大將軍郭子儀」一劇，每天共有四條線都是連續劇。

遵循政府「發揚中華文化傳統，表彰忠孝仁義，發揚社教功能，倡導勤儉樸實整潔風尙，堅守政治原則，崇尙自由民主平等，實踐蔣公五守之訓示」等原則，爲華視戲劇節目企劃製作方針。

這時，臺視也不甘落於人後，「電視小說」節目，先後播出了「風蕭蕭」、「星河」、「碧雲秋夢」、「藍與黑」、「淸宮殘夢」等劇。

這一階段所播出的電視劇，較之往昔，進步眞是不可以道里計。

畫面方面：由黑白播出，變成了彩色播出。

佈景方面：不特增加了景區，同時可以拍攝外景影片插入，後來，更進一步，利用電子攝影機加入作業，使螢幕上鏡頭的變化，越來越與電影接近。

播出方面：演員不再限制六個人，可以增加到十餘人，廿餘人。甚至數百人的大場面，亦曾出現過。

經費方面：亦較前大爲增加，預算尺度，更是大爲放寬。

形態方面：除了單元劇以外，更有連續劇的播出；連續劇早期每天播出之時間，如「晶晶」，只是十五分鐘，後延長至六十分鐘。連續劇播出的次數，亦由「一日一劇」演變成「一日數劇」，使電視觀衆收看時，頗有應接不暇之感。

廣告方面：越來越多，若是劇情吸引人，很快就造成滿檔，若不是新聞局方面加以限制的話，恐怕會造成「廣告時間」多過「節目時間」的可能。

觀衆方面：臺灣電視機的數量，經統計資料，這時已超過了三百萬架以上，觀衆之人數，最保守的估計，在四百萬人以上，是可以置信的。

內容方面：早期電視劇，偏重於時裝劇，後來演出的，除了時裝劇以外，有宮闈歷史劇、民初倫理劇、抗戰愛國劇、武俠傳奇劇，因著三臺的互相劇烈競爭，迄目前爲止，可以說幾乎把中國歷史上所有的故事，以及民初的一般傳說，都一網打盡演完了。

因爲電視連續劇的泛濫，三台競爭的白熱化。電視劇的製作人，爲了搶廣告而生存，開始逐漸走火入魔，終於使「電視劇」被廣告客戶牽著鼻子走，先是一些妖魔鬼怪的鬼戲出現了，接著一些猥褻不宜兒童看的床戲，也登場了，投胎轉世的迷信說法，荒誕不經的武術特技，也一一呈現電視觀衆的眼前，割耳朵、砍手指頭等殘酷鏡頭，在劇情中，越演越多，使人看得心驚肉跳。

競爭到了這個地步，輿論開始批評，到了六十一年的六月，三家電視臺的節目部經理，開會共同商訂了「電視節日自律公約」，明白規定以下各種情形，不得再在螢幕上出現：

㈠凡違反種族、性別、宗教之平等者。

㈡凡屬迷信、荒謬、怪誕者。

㈢凡鼓勵貪婪、頹靡、淫亂、賭博、打鬥、殘殺、竊盜、酗酒、吸毒、詐欺、粗鄙、下流者。

㈣凡虐待或殘殺動物之鏡頭。

㈤演員出現畫面，服裝不能過份暴露，頭髮除劇情需要外，不得違背治安機關之規定。

這份自律公約，關於迷信、淫亂等範圍，均有極周詳之說明，但在爲「爭取廣告、不擇手段」的情況下，並未發生多大遏阻作用，沒有半年，同樣變成視同具文。

因著自律公約失效，政府對「電視劇」不得不下令管制，六十一年的十二月七日，中央文工會明令對電視劇來了一項大革新，規定今後節目不得再有打鬥、神怪、誨淫誨盜之內容，並減少方言節目之播出，規定黃金時間內只准一部閩南語連續劇，電視劇本需經文化局審查通過後，才可播出。

雖是如此，電視劇的內容只是短時間，稍爲收斂了一些，事隔半年，故態復萌，武俠劇又演出了，恐怖駭人的鬼戲，亦仍有出現。

以後文化局撤銷，由行政院新聞局成立「廣播電視處」，來接管此項業務。六十四年二月新聞局認爲審查電視劇本工作繁重，一度放棄審查，只審查連續劇的故事大綱，劇本仍交由三臺自行負責審查。這是一項開明的措施，但三家電視臺，依然爲了爭取廣告，不肯從嚴審查劇本，至六十五年二月，新聞局乃不得不下令重新恢復審查電視劇本，並限定每一連續劇，最長不能超過六十集，而連續劇之劇本在演出前廿日，必須一次全部送審，並硬性規定，送審通過之劇本，演出時，不得大幅修改，需與送審本相符。否則以違規議處。

民國六十五年政府公布了「廣播電視法」，加強對電視節目內容之約束與管制。六十六年又進一步，訂頒了「廣播電視節目規範」。

對於電視劇之題材，更有詳細的規定：

㈠連續劇每集均應富有教育意義。

㈡描述黑暗面情節時間比率，不得超過四分之一，反派人物不得過多。

㈢有關歷史劇，應聘請歷史專家擔任顧問，審查歷史劇劇本。

㈣避免描述謀反、犯上、行刺、綁架、扒竊等細節過程，及縱火、下毒等情節。

㈤避免過份描述惡人得勢、蹂躪善良，好人倒楣之內容。

㈥勿強調漢、滿、蒙等種族對立，並禁用「韃子」詞句。

(七)避免上層社會及有錢人不講道義、仗勢欺人、反覆無常，只有江湖人物及基層貧苦人講義氣之情節。

(八)勿強調婆婆欺凌媳婦，及上一代與下一代之間，固執不化之代溝衝突。

(九)劇中不得使用不雅名字，崇洋詞句，不純正之國語罵人、口吃、低級對白及各地方言，怪腔怪調語言。

(十)劇中不能有殺人移屍、兇狠打鬥、流血斷肢等殘酷細膩描述鏡頭。

(十一)劇中不能有兒女訓父母等反倫理情節，革命黨人、國軍官兵表現窩囊情節，及侮蔑政府、諷刺影射政府官員無能等內容。

(十二)不得過份描述貪贓枉法，及黑社會等暴力情節。

(十三)不得強調迷信、相法、巫術及製造狐鬼氣氛。

(十四)非神化戲劇，不得使用人力不可及之神奇武功。

以上規定，若不遵守，則劇本審查時，就無法通過。

爲抑制連續劇的泛濫，民國六十七年起，行政院新聞局對電視連續劇又訂定若干限制，首先規連續劇應以三十集爲限，繼又規定所有連續劇劇本必須於播出前二十天送審，經審查通過後方得播出，進而又規定每天播出連續劇不得超過三種，每天播出連續劇總時數不得超過兩小時。

由於法令限制，三臺連續劇播出雖受到抑制，但因行政院新聞局規定單元劇每一單元可播三集，且不受集數與檔次的限制，這時介乎連續劇與單元劇之「單元劇集」又應運而生，三臺將此「單元劇集」安排在每天同一時段播出，成為「變相連續劇」。

在此一階段中，過去的連續劇，多是每天播半小時，至六十三年三月，中視推出古裝劇：「一代暴君」，延長為一小時長度，從此，其他二台也相繼跟進。

六十一年四月，華視最先以黃梅調演出歌唱連續劇：由凌波與李璇合作演出「七世夫妻」，播出後，轟動一時。

民國六十三年，華視又相繼推出「包青天」、「保鏢」兩劇，前者以家喻戶曉之民間故事為取材，因此普受觀眾歡迎，後者為電視武俠劇，情節懸疑，人物突出，且打鬥廝殺，極具刺激，連續播出二百五十六集，創連續劇最長之記錄，無疑，華視在連續劇方面所表現的成績，有後來居上之勢。

民國六十五年元月十二日，三臺聯播節目，開始播出，有外景影片插入的社教連續劇：「寒流」，此一影集由中國電影製片廠精心攝製，掀起了又一高潮。

「寒流」是一部暴露匪偽暴政的反共電影，半小時一集，共六十七集，於六十五年元月十二日起，每週一至週五晚九時至九時半由三臺聯合播出，至四月十五日全部播完。

「寒流」因情節生動，且製作認眞，演員又集電影、電視界之精英，因此極獲好評。播畢後，又應觀眾要求，加配閩南語發音，於同年九月六日起重播一次。

由於「寒流」播出的成功，行政院新聞局與國防部總政戰部，相繼支援三臺及藝術總隊先後製作有「范園焱時間」、「風雨生信心」、「西貢風雲」、「河山春曉」、「煉獄兒女」、「這一家」等社教連續劇，由三臺聯播，也均有可觀之成績。

連續劇興起後，單元電視劇因而式微。但因社會型態由農業社會進步爲工商業社會，人們工作忙碌，生活方式改變，大多數人都不能每天於同一時間從不間斷地來收看連續劇，因此「單元劇集」不久又告問世，單元劇集係以連續播出的方式，每三集一個故事，但主要人物卻連續出現，自六十七年開始，播出最久的單元劇集爲中視之「法律劇場」，前後共播了四年之久。

錄影播出與現場演出最大的不同點，是可以減少錯誤之發生，產生精益求精的效果，電視劇本的寫作方法，與舞台劇的寫作方法，顯然也有了很多的不同，場數增多了，佈景的變化也增多了，緣於外景影片的可以插入，使電視劇本之寫作型態，日益與電影劇本的型態接近，唯在新聞局的干預下，內容方面仍有不少難以突破的限制。

三、棚內棚外錄製階段

自民國六十七年電子攝影機（ENG）發明後，外景之作業，可以取代影片之拍攝，至六十八、九年電視劇中之外景，大部份均採用ENG，而電視劇爲求畫面有更多的變化，有走出攝影棚的趨勢。

自民國六十八年至七十六年，可以說是電視劇棚內棚外錄製階段。因爲全部在棚外錄影，固然畫面好看，但製作成本增加，且受天氣、環境等因素影響，工作進度亦將爲之延長落後，爲了發揮棚內錄製的優點，一些製作人精打細算的結果，乃採取：外景部份棚外錄製，內景部份，仍在棚內錄製，這樣，既可節省成本，又可看到逼眞的外景畫面，使電視觀衆樂於接受。

此一階段中，電視公司對於電視劇之製作，因著電子攝影機的加入作業，普遍使用，眞是大大開拓了觀衆的視野，使電視劇不再侷限於攝影棚內的作業，若干外景部份，多半至戶外實地拍攝。色彩、光線、畫面，均較以往，以影片插入之方式爲佳，有的電視公司，爲求提高電視劇的作業水準，甚至不惜工本，全部用**ENG**來拍攝，如七十年臺視的「秋水長天」，中視的「摘星夢」，播出後，均獲得觀衆的一致叫好。

其次，電視公司爲提高電視劇的收視率，吸引觀衆收看時的興趣，此一階段中，也曾不惜花費巨額的製作費用，特意製作了一兩個超級的大規模連續劇，使觀衆也能像電影一樣，看到大堆頭、大成本的「大戲」，如六十九年中視播出的「戰國風雲」，華視播出的「吾土吾民」，都花了比平時多出一倍甚至數倍的製作費，其中若干大場面，較之電影上的大場面，亦並不遜色，這些花大錢的好戲，同時受到觀衆熱烈的歡迎與讚賞。

還有，新聞局廣播電視處，自六十七年三月起，規定連續劇演出的長度限制，由六十集縮減爲三十集。此一措施，旨在減少連續劇過份「拖」、「拉」的弊病，使劇情方面，能趨向精鍊濃縮，原是無可厚非的一件美事，但施行以來，反而造成了連續劇的萎縮與退步，因爲三十集，一瞬即過，有些戲，觀衆才看上癮，即將面臨結束，致使這三年中，很少有幾齣戲給觀衆留下深刻印象者。再說製作人在製作態度上，也不若製作六十集時認眞，編劇方面多半改由一個劇作家獨立擔任，很少再採取集體創作的編劇方式，演員亦因集數減少，不若演六十集時那樣賣力，其間雖也曾有一兩齣連續劇播出後，極受觀衆歡迎，電視公司爲求抓住觀衆，又用原班人馬，臨時再接演一檔類似的連續劇，以期保持廣告滿檔的優勢，但結果多半因籌備時間過於匆促，被觀衆「一致壞評」而收場。幸好硬性規定只准演卅集之禁令，經過輿論不斷反應，迄七十六年終於取消了此限制。

過去國內的演藝人員，抵制此間的電視公司，不能播映香港的連續劇節目，因爲這樣減少了他們的演出機會，也就影響了他們的生活。爲了保護演員，卻使觀衆喪失了觀賞香港電視節目的機會。這一情形，於七十一年有了突破，中視最先將港劇鄭少秋主演粵語發音的「楚留香」，以國語重新配音，播出後，竟創造了空前的高收視率，街頭巷尾老少觀衆，均爲鄭少秋之風采著迷，因此引起三台競播港劇的「旋風」。

若干電視劇製作人，如周遊，利用動物來演出連續劇，如：「媽媽・吉利・小叮噹」，也廣受小朋友歡迎，中視於七十四年推出「東方神話故事」，利用電腦科技之新發明，演出「封神榜」、「目蓮救母」、「陳靖姑收妖」等民間傳奇，畫面上呈現上各種變幻莫測的特技鏡頭，使人大開眼界，七十五年九月中視更利用ADO等新穎的電視器材，推出「一代女皇」，創造了百分之六十的高收視率。

因爲可以事後重新配音，重新剪輯，以及棚內三架開麥拉，甚至四架開麥拉的立體作業，這時期的電視劇與草創時期的「現場演出」，眞是不可同日而語了。

四、實景錄製階段

到了民國七十六年，政府解除戒嚴法，開放大陸探親，新聞局廣電處對於電視劇的各種防止與禁令大爲開放，許多過去不能碰的題材，如今已可毫無顧忌的編寫播出，尺度放寬了，製作的經費也隨之水漲船高，於是爲求更寫實、更逼眞，全部由ENG機器單機作業的電視劇：「我的心裡只有你」於七十六年產生了。

遠赴新加坡拍外景的「小姐與流氓」，也在中視頻道推出了。隨後至日本拍外景的「希望之鴿」，也播出了。

因爲遠來的和尚會唸經，電視先是流行請港星來演戲，繼而港導、港編也來搶本省編導人員的飯吃。

七十六年大陸開放後，又掀起了「大陸熱」，先有去福建拍「媽祖外傳」、接著去北京、江南、東北、雲南……等各地拍：「雪珂」、「青青河邊草」、「大玉兒傳奇」、「戲說乾隆」、「新白娘子傳奇」。

爲了要求製作更精良，更突破。中視於七十九年曾在歷史劇「貂嬋」中董卓演員，爲製作一特殊的大肚子，是遠赴日本去請專家重金製造，以後爲「浴火鳳凰」一劇，又請教日本的專家，攝製將人變成鳳凰的精彩畫面，這些精益求精的心態，是電視史上不能輕易漏掉的。

電視劇的拍攝，由兩架開麥拉，發展至三架、四架開麥拉，後又回歸到用一架開麥拉來拍攝，到了完全是用拍電影的手法，來拍攝電視劇了。

而電視劇的寫作，也幾乎與編寫電影劇本的手法無分軒輊了。

這眞是卅年來，電視劇進步的具體寫照。

自從政府取消了電視劇集數的限制，中視於八十一年已播出過一個超過三百集的閩南語連續劇：「三八親姆憨親家」。單元劇方面，臺視每週日播出的「週日劇場」，要數它壽命最長，前後演了十五年。八十三年開放有線電視後，電視劇開始走「本土化路線」，又進入另一新的變化形態。

乙、寫作上的演變

㈠**舞台劇到電影**。最初的電視劇就是獨幕劇，後來我建議增加爲兩個景。演出的是「拾金記」。後又增到四個佈景的變化。後來又使用少量的外景戲，慢慢再變成完全外景。

現在的電視劇本，可以說是已類似電影劇本，分場分得很多。比如：舞台劇只分三幕、四幕，電視劇過去只分十幾場左右，電影劇本就分得更密，九十分鐘，分七、八十場。

對話也不同：舞台劇對話長，電視劇則對話要短。舞台劇對時間、動作、場地多要用對話來表現，但電視劇、電影，則用動作來代表而不需要對話。我在「戲劇編寫概要」書中對廣播劇、電視劇、電影劇本都有詳細述說。像哭泣，電視劇則可用鏡頭來表現之，廣播劇則要哭出聲音來。此外要考慮到製作條件。有二個實例：中視「一代女皇」中，爲吸引觀衆收看，有噱頭，第一集就找到一頭老虎來拍攝驚險刺激的戲，雖然製作費用高昂，但製作人願意，結果效果也不錯。另外如要拍汽車、摩托車撞毀的事情，過去因花費很高，很少拍，現在則不考慮這些，只要製作人願意，編劇就可編寫。

㈡**個人到集體**。過去個人創作較不受拘束。我認識很多寫作朋友，有大學生、有家庭主婦、有作家，他們有的寫古裝、有的寫時裝、有的寫推理，只要逕自投稿到電視公司，經過審查合用就採納。因此早期個人寫劇本較自由。但是後來連續劇開播後，劇本需求量大，因此分給幾個編劇去寫。這就會有不統一筆調的缺點。例如我製作的「長白山上」，其中的情節與一部小說有一小節很相像，爲怕引起抗議，就將劇情重新改過。再說集體創作，各人寫作筆法風格會不相同，情節會有重覆矛盾，就要有一個人總結修改，才不會前後不協調。

㈢**業餘到專業**。觀衆逐漸不喜愛單元劇，喜歡看連續劇。編劇也願意一個人寫，不願與人合作編劇，因爲這樣稿費可以一個人收入，風格也統一，專業可以專心編劇，時間充裕；業餘編劇，不能趕時交稿，如今多被淘汰了。

民國八十三年開始「有線電視」，現在的電視劇寫作面臨到新的里程碑，如果想寫好電視劇本就要多看電視，還要專心去做筆記，這樣才會創作出好的劇本。編「包青天」的鄧育昆先生，就曾經花過很多的工夫，在觀賞他人的作品上，才會有今天的成就。現在，不少電視劇，已經採用「電腦動畫」及「特殊效果」等特技來拍製，所以編劇要能不斷吸收新知識，才會編好劇本，否則跟不上時代，就會被淘汰。

（本文發表於八十二年六月出版之「電視編劇教學文集」）

公視「地久天長」劇評

新聞局長胡志強監製，「公共電視」製作播出「地久天長」電視連續劇播出了，這是發生在民國卅六年，以北京爲背景展開的一個故事，以一個女孩子唱京韻大鼓來開場，在綿綿雪花飛舞的畫面中，給觀衆帶來清新不俗的感觸。

全劇參與演出的是一些新面孔，雖演出稱職，但也發現了一些瑕疵，特不揣譾陋，在此提出，以供製作單位參考。

一、編劇陳方，可能對蟋蟀這種小動物，瞭解不夠清楚，這種北方叫「蛐蛐」的小蟲，到了暮秋，多半耐不住寒冷死去，沒能在冬天還存活的。「地久天長」，劇中，寶貴在臘月快過年時，還在鬥蛐蛐玩，這是不合常情的。

二、抗戰期間，有在街頭演出「街頭劇」，爲了宣傳抗日。勝利以後，絕不可能有學生會在街頭演出俄國作家契訶夫的「櫻桃園」，按滿濤譯的「櫻桃園」中文譯本，當時雖已出版，但學生多半是在學校禮堂對內演出，絕無可能在街頭演出，且該劇是一文藝劇，不是一「宣傳劇」，無上街頭演出的必要，編劇雖可以自由創作，但亦不能太離譜。

三、「地久天長」一劇第二集中，唱京韻大鼓的女主角，吸「白麵」的親生父親死了，她獨自一人在大草原上撒紙錢，說是撒給陰間的父親享用，這也是不合當時習俗的，雖演出時畫面很美，但北方人看來一定很好笑。

我不知「地久天長」，是否已全劇錄畢，無法再修正，若仍在邊錄邊播，則盼能有所改正，「公視」既然不輕易製作「連續劇」，我們觀眾希望它能做得更盡善盡美。

（本文發表於八十三年一月十二日「大成報」）

宗教戲劇的探討

一、前　言

中華民族，除了漢滿蒙回藏五大族類外，還包括了邊遠地區不少的少數種族，這麼多不同的種族，又都有不同的宗教信仰，有些宗教是自國外傳來，有些宗教是祖先代代相傳；因我國是一宗教自由的國家，所以彼此包容，並未發生過任何宗教衝突。

中華民國，地幅廣大，各地語言不同，加上文化歷史悠久，因此，各種不同方言的戲劇，不同形式的戲劇，也特別多。有川劇、粵劇、江淮戲、歌仔戲、平劇、蹦蹦戲、越劇、崑曲、秦腔、豫劇、湘劇……外，還有木偶戲、皮影戲、話劇、文明戲……不勝枚舉。

自從民國建立以後，因著世界科技不斷進步發明，先由西洋傳入了「舞台劇」，抗戰期間又多了「廣播劇」，勝利以後「電影」事業，飛黃騰達。民國五十一年，臺灣有了「電視」，又產生了「電視劇」。戲劇的演出型態，益形多彩多姿。

臺灣自民國卅四年光復，重返祖國的懷抱後，迄八十六年，已達五十二個年頭。在這超過半世紀以上的歲月中，我發現，有些宗教團體，已將「宗教」與「戲劇」，兩者結合在一起，間接做了不少潛移默化的教化工作，對社會大衆，更默默的做了不少「心靈改革」的貢獻，可謂功不可沒。

可是，從事戲劇工作的朋友，很少對「宗教戲劇」這一個課題，作深入的探討。茲不揣冒昧，以臺灣宗教戲劇以往演出的過程，先加以一番回顧，再就未來的情況，作一前瞻與探討，是否有當，尚祈劇界高明人士，賜予指正。

一、回顧以往

臺灣自民國卅四年光復以後，至民國八十五年十二月止，戲劇界演出的「宗教劇」，爲數不多，但也不少。如今回顧往昔，我翻閱了不少影劇演出的歷史資料，可以分作以下三個階段來敘述，當然掛一漏萬，在所難免，敬祈有心人士，多予補充充實爲幸。

(一)早期演出情形（民國卅四年至五十七年）

臺灣光復初期，百廢待舉，演出的舞台劇，多半是大陸作家的作品，及一些在大陸已演出過多次的「老戲」，一直到卅九年，政府成立了一個「中華文藝獎金委員會」，以獎金來徵文，始有一些新編的劇本產生，一直到四十三、四年間，演出的多半是反共的劇本，如吳若的「人獸之間」、鍾雷的「尾巴的悲哀」、丁衣的「怒吼吧祖國」、王方曙的「樊籠」、李曼瑰的「皇天后土」、雷亨利的「青年進行曲」……等，也偶有演出歷史劇：「文天祥」、「鄭成功」、「勾踐復國」……很少演出純粹是宣揚宗教的「宗教劇」。

一直到民國四十九年戲劇先師李曼瑰教授，自歐美考察戲劇返國後，大力提倡，臺灣的劇運，才開始蓬勃起來，李曼瑰女士先是進行「小劇場運動」，進而獲得教育部社教司的支援，成立了「話劇欣賞演出委員會」，及後又創立了民間的戲劇機構「中國戲劇藝術中心」，從事戲劇、組訓、聯絡、出版等活動，接著又相繼舉辦「世界劇展」、「青年劇展」。前者專門演出翻譯自國外的世界名劇；後者則由各學校及社會青年社團演出國內作家的作品。

從民國四十年至五十年間，臺製公司還在拍新聞紀錄片，中影公司也一年只拍一部電影，戲劇方面，比較活躍的是中國廣播公司每週播出一劇的「廣播劇」，編劇限於少數幾個人，取材多半是小市民的悲喜劇，很少人編寫「宗教劇」。民國五十一年臺灣電視公司開播，才有了「電視劇」，因有畫面，且是免費觀賞，搶走了「廣播劇」的聽衆。

早期的「電視劇」，也是每週只播一劇，後來因大受觀衆歡迎，才不斷增加，幾乎天天都有電視劇；民國五十五年開始，臺視在每星期天，開闢了一個叫「星期劇院」的戲劇節目，專門演出「宗教劇」，由基督教信義會、路德會兩個團體提供製作經費，趙蔚然牧師負責策劃製作，這個節目前後播出了十餘年，一直到民國六十八年才停止；在播出期間，因只有半小時長度，且均係「單元劇」，發生的效果不大；但是卻開創了臺灣「宗教戲劇」的先例，值得爲之一記。

民國五十七年聖誕節，「話劇欣賞演出委員會」聯合了基督教、天主教各教會公演了「聖誕先生」，這是周聯華牧師根據任達爾·約翰（John Randall）英文原著，翻譯成中文後，再加以中國化的一個宗教劇本。周聯華牧師是神學博士，當時也是凱歌堂的傳道人，經常為先總統　蔣公傳佈福音。其改編該劇工作，是在百忙中，抽空完成於南下之火車上，經教會人士聯合於聖誕節演出後，大為轟動，前後公演了十場，引起教會人士之關注，興起了有心人士提倡演出「宗教舞台劇」的想法。

(二)中期演出情形（民國五十八年至七十年）

自五十七年「聖誕先生」演出，受到社會各界之肯定後，李曼瑰教授因本身是一虔誠的基督教徒，有感於中國宗教劇本之缺乏，為紀念其先嚴李聖質先生身前熱心傳教之遺志，特自費創辦「李聖質徵求宗教戲劇本獎。」公開向社會各界徵求宗教劇本，五十八年首次獲獎的劇本，是任教於東吳大學的講師張曉風女士所編的「畫」劇奪魁。民國五十九年張曉風女士與先生林治平伉儷兩人，還有臺視導播黃以功等人，組織了一個「基督教藝術團契」，演出「畫」劇，也贏得一些愛好戲劇藝術青年的熱烈迴響。

民國五十八年十月，中國電視公司開播了。因總經理黎世芬先生，也是一名基督徒，他在眾多電視節目中，開闢了一個「萬福臨門」的宗教節目，專門傳播基督的福音，由一些牧師來主講。後來發現這種方式，不易為電視觀眾接受，乃改變形態，與臺視的「星期劇院」一樣，演出電視劇，唯為求吸引觀眾接續觀賞，採用連續劇的方式。雖每週只播半小時，但一個戲分八次演畢，劇幅比較長：電視連續劇是中視首創，因創下瘋狂的高收視率，逼使「臺視」，及以後開播的「華視」，均不得不跟進製作連續劇。

第一齣宗教電視連續劇：「迷夢初醒」，共分八集，由我擔任編劇，康凱、孟元等演出，由基督教浸信會大衆傳播部提供經費，美國白漢華牧師監製，水黛玲女士戲劇指導，想不到播出後，觀衆反應熱烈不說。民國六十年「萬福臨門」製作單位，還因此劇榮獲文化局頒發最佳社教節目「金鐘獎」一座。

舞台劇方面，自「基督教藝術團契」成立後，幾乎每年耶誕節前後，都排演出一齣宗教或道德教化有關的戲劇。如：

民國五十九年演出「畫」後。

民國六十年演出「無比的愛」。

民國六十一年演出：「第五牆」、「武陵人」。

民國六十二年，本擬演出「自烹」，是取材於春秋時齊桓公與管仲的故事，那知送審時，劇本未獲通過，未能演出，十分遺憾。惟民國八十二年政府戒嚴開放後，此劇仍在國立藝術館演出了。

民國六十三年演出「和氏璧」，卞和爲了一塊璧，被砍斷雙足的故事。

民國六十四年演出「第三害」，是周處除三害的故事。

民國六十五年演出「嚴子與妻」，是莊子試妻的故事。

民國六十六年演出「位子」。這以後，「藝術團契」接連三年，未再有演出，原因不詳。

民國七十年，演出「一匹馬的故事」，是塞翁失馬焉知非福的故事。

上列各劇，都是由張曉風女士擔任編劇，林治平擔任演出執行人，黃以功導演，僅「一匹馬的故事」，是由洪善群導演。其中以根據陶淵明〈桃花源記〉一文改編的「武陵人」，最受觀衆歡迎，各大專學校，爲此劇舉行了廿餘場次的座談會，報章雜誌爲此劇刊登之評論文字也最多，咸認該劇雖係宗教戲劇，但無半句宣教口號，全劇含有人生哲理的題旨，耐人深思，是不可多得的力作。

民國六十四年，我也編寫了一齣宗教劇「眼」，參加「李聖質宗教劇本獎」應徵，倖獲首獎。於六十五年二月先由「眞善美劇團」於臺灣演出，接著同年四月，又在香港大會堂，由香港基督教協會的「協基聖藝術劇團」，以粵語公演了三天，商務印書館亦於同年出版了「單行本」。協基聖藝劇團第二年專誠派導演陳紫年先生來臺，邀請我繼續編寫宗教劇本，六十八年，我又編寫了「舌」劇，供該劇團演出。「舌」劇在臺灣，劇名則改爲「沒有舌頭的女人」演出，並由遠大文化公司，七十一年出版了單行本。

「眼」劇得獎時，戲劇先師李曼瑰教授，已病入膏肓，躺在三軍總醫院，終於六十四年十月廿日仙逝。

李曼瑰教授自費創辦的「李聖質宗教劇本獎」也就停辦，成了絕響。年青的劇作家，失去了鼓勵，很少有人再寫基督教的舞台劇本，反而是佛教徒，興起了接棒的念頭。

民國六十八年，臺北有「青青劇社」，爲慶祝佛陀聖誕，演出了一齣佛劇：「萬金和尙」。

這個故事是敘述清代宜興地方，有一位玉琳法師，年青時被一位千金小姐苦苦追求，而予以婉拒的感人情操。由張紹鐸先生根據佛光山星雲法師手著作品改編，藉玉琳法師的事蹟，來弘揚佛法，有意在戲劇舞台上，與宣揚基督教義，分庭抗禮；因本省佛教信徒甚衆，前往觀賞該劇之民衆，紛至沓來，掀起了一陣浪潮。

在民國六十八年至七十年間，臺灣的電影事業，可謂黃金時期，一年生產之國語影片，平均多在三百部以上，其中武打片最多，文藝片次之。宣揚佛教之影片，如「釋迦牟尼」、「佛祖傳」、「媽祖顯聖」、「阿彌得道」……等片，均有拍攝。電視劇方面，有「觀世音」、「媽祖林默娘」、「濟公活佛」、「目蓮救母」及依據玉琳法師故事，編成的連續劇：「再世情緣」……播出時均有很高的收視率。

相形之下，宣揚「基督教」、「天主教」的電視劇本，相當匱乏，黯然失色多矣。

㈢近期演出情形（民國七十一年至八十五年）

自張曉風、林治平組成之「基督教藝術團契」，在七十年演出「一匹馬的故事」後，已停止不再有所活動時，想不到又出現了一支新的生力軍，在劇壇上繼續活躍起來，使宣揚基督的「宗教戲劇」，又開創了新的生機。

這一個新成立的宗教劇團，他們取名叫「天藝劇團」，開始成立的時候，只有四個團員，憑著一股熱誠，無比的信心，各教會兄弟姐妹的支持與贊助，經過了漫長十五年的歲月，不斷的努力演出，贏得了社會大衆的肯定和認同，如今，他們已經擁有了四十個成員，全部都是義工，每演出一齣戲，演員、職員都要奉獻出金錢，作爲演出的經費，這樣的結合，眞是罕見。

十五年的努力，除了有人以外，還有全套的舞台燈光設備，音效設備，以及整組的舞台佈景道具，演出任何舞台劇，包括時裝、古裝，都無半點困難，已是當前最具規模的宗教劇團。

茲先將其演出的劇目，報導如下：

七十一年：演出「舞台人生」、「畫」、「假如他是眞的」。

七十二年：演出「十字街頭」、「盲」、「生命之光」。

七十三年：演出「戲」、「迎」。其中「戲」一劇在七十九年又再度演出。

七十四年：演出「歸零」，該劇闡述一老太太，死去後家人爲其舉行葬禮，使她看透了人生，劇情十分感人，七十五年、八十一年曾三度演出。

七十六年：演出「舞衣」，該劇於八十二年又重複演出。是年演出另一劇「翹」，八十年也重複再度公演。

七十七年：演出「歸」、及「留一盞燈」，後者於八十一年，又再度演出。

七十八年：演出「朋友，請聽」，該劇八十四年又再演出。

七十九年：演出「變奏一九九○」。

八十年：演出「青衣」，劇情與名劇「風雪夜歸人」類似。

八十一年：演出「NG－驀然回首」，該劇於八十五年又再度公演。

八十三年：演出「秋決」，劇情與電影「秋決」相類似。

以上皆是「天藝劇團」演出的劇本，全部都是由「基督之家」的牧師寇紹恩義務擔任編劇，導演工作，僅少部分由救世傳播協會的主任洪善群擔任編劇，導演大半由寇紹恩自己兼任，有幾齣戲，並親自參與演出，盛可謂集編、導、演於一身的全才。

寇紹恩回憶十五年來，他覺得比較滿意的是「留一盞燈」、「歸零」、「變奏一九九〇」和「朋友，請聽」這幾齣戲。其中「歸零」曾一再演出，敘述一個人死去以後，一切均歸於零；「留一盞燈」是講一活潑可愛的少女，充滿幸福快樂，誰知晴天霹靂，突然醫生宣告她患了癌症，使她發現生命的短促，難以捉摸，不知何去何從。此劇在演出時，竟然有一女觀衆，登上舞台，訴說她也同樣與劇中女主角一樣，罹患了癌症，但看完戲後，獲得頓悟啓示，對死亡不再害怕恐怖。在劇場激起相當的激動與迴響。八十一年此劇重演時，該一少女，已安然離開了人世。

「變奏一九九〇」一劇，是依據一個國中生自殺的新聞來編寫，剖析一些年輕的朋友，爲什麼要輕生，是家庭問題？還是社會問題？心理教育問題？耐人深思。

「朋友，請聽！」講的是一個患有羊癲瘋男孩子的故事。演出途中，有一患羊癲瘋的觀衆，當場病發作起來，引起全場騷動。患者聲稱，演的就是他的故事，因爲每次發病均會受到他人的譏諷與訕笑，很少受到同學的關愛與同情。這種意外的反應，留給編劇寇紹恩牧師極爲難忘的回憶。

「天藝劇團」每次演出，均不售門票，入場券由各教會分別贈送學校同學，親友，邀請不分男女前往觀賞。因此，每年演出時，在「國軍文藝活動中心」，都是爆滿，人山人海。

戲結束後，照例由牧師配合劇情，作一些短講，希望看戲的觀衆，對人生能接受宗教的信仰，始可不再徬徨，發揚人性愛的光輝。

演出一齣戲，無論場租，演職員的酬勞、佈景、燈光的材料消耗，在在都需要錢。我曾問寇紹恩牧師，十五年來，他們是否賠了不少錢。他說沒有，收支都能平衡。錢從那裡來呢？他說一半靠熱心的觀衆捐獻，另一半大家都是義工，不收錢，甚至還出錢來貼補，當然一些教會團體，也支助一些經費，才可一直維持著每年都有演出。

八十五年四月，「天藝劇團」在「基督之家」已建造完成了一座「教會劇場」，預料未來的日子裡，該團將使「宗教劇」繼續成長茁壯下去。

過去的「藝術團契」，張曉風多半取材於中國的歷史故事，編寫劇本。而「天藝劇團」寇紹恩編劇的題材，並不侷限於嚴肅的宣揚基督教義，而是就現實的題材，剖析人生眞相。就人性的善惡，來傳遞生命發光與熱的眞諦，使看戲的人樂於接受，把「宗教」與「戲劇」，不露痕跡的結成一體，相當不易。近一兩年，該團不僅在臺北演出，還巡迴中南部公演，在各大專學校，具有相當高的知名度。

除了「天藝劇團」以外，尚有一「亞東劇團」，八十二年曾演出「天堂樂園」一劇，演出伊甸園裡的一些聖經故事。因服裝、佈景、燈光、道具等製作優異，是年獲得教育部社會組話劇比賽的冠軍。事後該團還將之製成「錄影帶」發售。八十五年該團又演出福音劇：「默哈拉」及「愛的世界」二劇，五月間在東海大學演出，也獲得熱烈迴響。

至於，佛教界演出之宗教戲劇，偏向於電視劇發展，舞台劇之演出，不若基督教爲多。八十五年在臺北演出：「彌勒日巴傳」等劇，也獲得不少佛教徒的讚賞。

三、探詩未來

臺灣自民國八十五年改選總統以後，眞正進入了「民主」時代。這一年多來，我們看到金錢、暴力、黑道人士介入了選舉，使社會陷入了一片亂象。

家庭方面，離婚率的升高，家庭破碎，導致青少年流落街頭，不斷製造犯罪事件。政府機關發生貪污舞弊、工程圍標等情事，已司空見慣。社會治安、流血抗爭、綁票、搶劫、殺人、甚至子女殺父母、妻子殺丈夫、情侶服毒自殺……等畸形怪事，幾乎天天見報，一些神棍、法師假宗教之名，騙財騙色，受害者已難以計數。一般婦女已嚇得不敢單獨乘坐計程車。……類此種種，顯示整個社會已亮起紅燈，與當年施行戒嚴時期，已不可同日而語了。

大家都在說：「臺灣經濟起飛後，是否病了？」

另一方面，我仔細來觀察，臺灣的戲劇活動，又是如何了？

過去熱門的「廣播劇」，已移至午夜才播，不再受人重視。電視台自有線電視第四台開放後，收視的頻道，是比以前多了不知多少倍，播出的節目也增加了不少，但是戲劇節目的水準遠不如以前。綜藝節目，低級趣味、性騷擾、恐嚇觀衆，則是流行的驅使，使中小學生除了卡通，已無好節目可看。有些第四台，雖有洗滌心靈的「宗教節目」，多半是講經、傳道的個人演說，沒有一個演出「宗教戲劇」。

電影方面，政府每年撥出一億元的輔導金，但電影院播映的，則是三級片、限制級片佔多數。其中更令人不安的是儘拍一些同性戀的影片。有一部父親是同性戀，母親發展婚外情，兒子也是同性戀，竟然無意中與自己的親生父親，發生了「性關係」。這部片子，居然還在國外得了獎，返國後，大家一捧再捧，說是為國爭光，擔任該片的編導，還發給一百萬元的獎金。

僅有舞台劇方面，「國家文化藝術基金會」成立後，因有經費補助，臺北像雨後春筍似的，成立了不少「劇團」。像：「臺灣渥克劇團」、「臨界點劇象錄劇團」、「當代傳奇劇場」、「優劇場劇團」、「鞋子兒實驗劇團」、「華燈劇團」、「表演藝術劇團」、「河左岸劇團」、「戲班子劇團」、「果陀劇團」、「黑珍珠表演工作室」、「絳光劇團」、「屏風表演劇團」……這些，都獲得了演出補助，而他們演出的多半是「實驗劇」、「兒童劇」，很少演出過「宗教劇」。演出「宗教劇」的「天藝劇團」、「亞東劇團」……甚至「佛教劇團」，則政府未有絲毫補助。

我認為此時此地，要推行「心靈改革」，重振社會道德挽救國家的危亡，運用戲劇的吸引力，配合宗教勸人為善的精神，兩者密切的打成一片，才是喚醒社會大衆心靈，重振祥和氣象最佳的途徑與管道。

茲以前瞻的眼光，探討「宗教戲劇」的未來，提供一些拙見如下：

㈠政府既然可以撥付一億元，提供電影輔導金，又可以撥出大量經費，由「國家文化藝術基金會」，補助各劇團演出舞台劇，則何不撥些經費給一些演出「宗教戲劇」的劇團，給他們一點鼓勵，使他們可以在經費更充裕的情況下，演出更精彩動人的好戲，果眞是受觀迎的好戲，不妨發給獎金或獎杯，予以肯定。

㈡李曼瑰教授爲提倡「宗教劇」，私人出錢來徵求宗教劇本，如今她死了，難道政府就不能出錢來徵求「宗教劇本」嗎？事實上，宗教劇本不好寫，既要傳教，又不能說教味太濃，再者，必須教徒中又有編劇素養者，始能勝任，若無人鼓勵重金徵求，那會有人願意創作？

㈢凡是演出好的宗教舞台劇，不論那一種宗教，可以撥出經費，將之改編成影片，或是電視劇，再錄製成「錄影帶」，像亞東劇團的「天堂樂園」一樣，以低成本發行至各學校、社團、教會、少年輔導所、各地的文化中心、或成人監獄去放映，使更多的人，可以看到這樣的好戲，以替代神父、牧師去佈道。

上述三項，如能實現，定能對改變世道人心，發生一些教化作用。

先總統　蔣公，生前手著了〈民生主義育樂兩篇補述〉，他特別強調：「宗教是精神的安定力。」

他說：「要使一個人收拾其破碎的心理，養成其完整的人格，科學還是無能爲力的，惟有宗教信仰和人生哲學的基本思想，才是人類的內在安定力」。

他又說：「一個人沒有信仰，就失去了人生的歸宿；一個社會沒有宗教，就失去了精神的安定力。」

蔣公逝世已經廿多年了，願政府主管宗教與戲劇的相關部門，重視這一個課題，在推行「心靈改革」之際，考慮我提出的這些建議，善莫大焉。

（本文發表於八十六年六月「中國現代文學理論季刊」第六期）

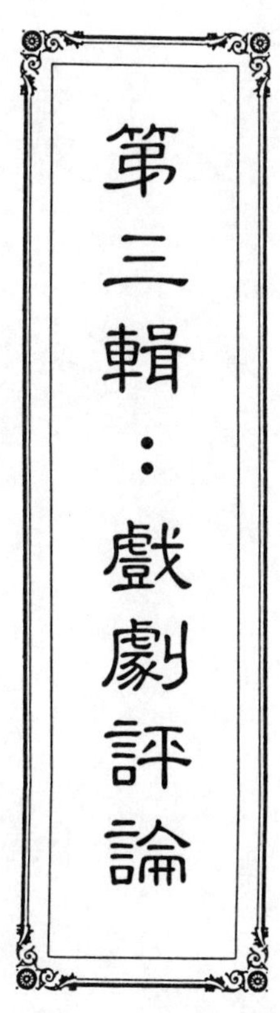

第三輯：戲劇評論

第三章 戲劇評論

評「西出陽關」

——李國修的作品

一

「西出陽關」，是八十三年臺北市戲劇季推出的一齣舞台劇，也是李國修領導的「屏風表演坊」成立八年後，所搬演第廿二回的作品；這一齣感傷的悲喜劇，確給觀衆帶來莫大的震撼與衝擊，自五月下旬到七月，分別於臺北、高雄、中壢、臺南、臺中等地公演以來，場場客滿，形成一股旋風。聞不久的將來，該劇將繼「徵婚啓事」以後，再度專程赴美，爲旅美僑胞們演出，其受到海外華人之歡迎，是可以在意料之中的。

「西出陽關」一劇，民國七十七年曾首次演出過，事隔六年，李國修又將全劇作了八〇%以上的修改，重加組合。在劇情之結構方面，較前更爲創新，突破人物之內心刻劃，嘔心瀝血，可謂更上層樓，其中有一場，老齊於四十餘年後返大陸與當年的掛名夫妻惠敏會面，互訴衷曲，眞令人爲之痛斷肝腸，一掬同情之淚，是苦難時代，爲人間所寫的悲歌，李國修因集編、導、演於一身，可謂作了淋漓盡致的控訴與宣洩，放眼當今劇壇，能有如此感人肺腑之演出，殊不多見。

全劇敘述的，是三個退役後的榮民：一個是當年搞情報的劉將軍，一個是當排長的老齊，一個曾被中共俘虜的小高，他們三人，如今皆已垂垂老矣，爲了排遣生活的寂寞與苦悶，成了「紅包場」歌廳的常客，三個人雖各人的遭遇不同，卻志趣相同，編劇把情節利用「對比」、「濃縮」的手法，結合在一起，層次井然，最後，在老齊生命垂危彌留之際，由幻想中的惠敏，替代泣不成聲的咪咪，將那迴腸盪氣的「王昭君」一曲唱畢，餘音嬝嬝、繞樑低迴，留給觀衆無盡的哀痛與沉思。

爲了沖淡過份的悲傷，劇中也安插了一些輕鬆的笑料，使全劇迴旋於悲喜之間，取得平衡，劉將軍嫁女兒那場戲，若稍加收斂，可能成績當更理想。佈景方面設計新穎、變換快速，其中有一兩場，下雨的情景，頗見巧思，過去看舞台劇，很少見到在台上眞的下雨，因雨水淋濕不易處理，李國修卻能克服困難，作這樣眞實的演出，其製作態度之認眞、執著，是爲其他舞台工作人員，所不及也。

二

參加「西出陽關」一劇演出的演員，除李國修、傅娟、侯冠群、陳繼宗、黃乙玲等較具知名度外，其餘如劉姍姍，石幸宜、蔡巧萍、高明偉、林美秀、洪誠陽，均有水準以上之演出，似乎都與劇中人物打成了一片，不見半點演戲的痕跡，誠見在排演時，確實下了一番苦工，不是僅上台背完台詞就交差的一般演員，所能做到的。

全劇爲求精緻，特請作曲家，編了幾首新歌，供劇中「紅包場」的歌星上台演唱，但眞實的情況，紅包場唱的都是老歌，在劇中，若不唱「新歌」，改唱「意難忘」、「明月千里寄相思」、「不了情」等曲，也許更能傳情些，這是我看完此劇後，所提出的建議，盼主持之李國修，再次演出該劇時能參考採納。

（本文發表於八十三年七月二十二日「大成報」）

「長期玩命」的得與失

——李國修的作品

一

「長期玩命」是屏風表演工作班，最近推出的一齣新戲，除八十六年十月初在臺北首演外，還要巡迴至臺中、高雄、宜蘭等地公演。這也是李國修榮獲「國家文藝獎」戲劇類最高榮譽後的新作品，愛好戲劇的朋友，對此特別關注與重視。

臺北演出的幾天裡，幾乎場場客滿，可見李國修魅力之一班，但是臺北各大報社，對此似乎很少有客觀的評價，頗覺意外，茲就吾見所及，就該劇之得與失，加以評析，是否有當，祈先進不吝教正。

「長期玩命」的主旨，是透過島上一些現實的題材，諸如：社會治安不佳及中共的武力威脅，有些人移民國外，城市中男女關係的複雜，男人幾乎都有婚外情，房屋推銷商的詐騙技倆，農村土財主的出售賓士轎車，年青人仍夢想拍攝唯美的電影，KTV的失火情事，……

…在在都是大家熟悉的情節，李國修加上他一貫的插科打諢、辛辣的對白，使看戲的人，在嘻笑中陷入沉思，發生長嘆。他的取材、用心，是值得加以肯定的。

二

現在我們進一步來探討該劇的得與失。

得的部份：在劇中適時出現了一些政治人物的「大人偶」，在戲劇的演出上，可以說是一項大膽的突破，似乎很少有劇作家，作過這樣的嘗試。一些幻燈片的穿插，也有新鮮的創意，其中，幻想未來出現槍戰等刺激場面！尤屬神來之筆，但願臺灣的未來，不像幻想那樣怵目驚心。一些嬉笑怒罵機智的對白，給觀衆帶來不少會心的微笑，在劇場獲得連串的掌聲，當是最好的見證。

失的部份：以六個演員，不斷變換服裝出場，飾演十八個不同的角色，給觀衆帶來眼花撩亂的感覺。因劇中人物之關係，十分複雜，我對照了「人物關係圖」，再三思索，仍有迷惘的感覺。如劇中有兩對父子，老鄧由李天柱飾演，兒子小鄧由李國修飾演，另一對父親郭父由李國修飾演，兒子卻由夏靖庭飾演，若父、子均由一人分飾，不就不會混淆了嗎？再如劉珊珊飾演的婉玉，與夏靖庭演的彼得，是兄妹關係，但是一轉身，劉珊珊飾演的JEN又與夏靖庭有曖昧關係，……實在太錯綜複雜了！……我在想，若是能化繁複爲單純，其效果可能更好一些。不必過份的「耍弄噱頭」。其次，劇中人的名字，十八個角色，其中有八個人用的是英文名字，幾乎有一半是洋人，但是台上是中國人在演，還有一兩人是日本名字，有的父親、母親只有姓沒有名字，也有些女人，沒有姓只有名字，若能一一清楚的列出，當可更使人辨別，再說，臺上演員有的說國語，有的說臺語，有人說上海話、廣東話，也有人唱日本軍歌，雖有字幕打出，但總覺有些過份賣弄。另外，在台上當觀衆的面爲大人換紙尿褲；將罵人的話，加以詮釋，涉及男人的生殖器等等，似乎也降低了全劇的格調。

三

屏風表演工作坊，在劇壇上，已有十一年的演出歷史，而「三人行不行」的系列演出，已超過五萬人以上的觀賞記錄，似乎應格外力求精緻、高雅；放棄俚俗的低級趣味，才是高明的作法，我本著：「愛之深，責之切」的心情，向李國修說了些「不中聽」的忠言，希望他能有雅量來接受，在未來的演出中，更上一層樓！

我看「戎馬路迢迢」

——貢敏的作品

「建軍七十載，百戰不辭勞；回首來時路，戎馬路迢迢。」

爲了慶祝黃埔建軍七十周年，最近國防部藝工總隊，演出了一齣近年難得見到的好戲，值得爲之喝采，評介一番。

要把黃埔七十年光榮的歷史，透過舞台劇的形式壓縮在二個小時內演出，編劇者若非有高度的編劇技巧，實難以達成這項使命。

「戎馬路迢迢」的編劇貢敏，不愧是劇壇老將，他不但將劇情編寫得感人流暢，而且把空間聚合在一個布景內進行，只是利用一部份螢光幕影片的穿插，把過去的一些往事，以回憶的手法，作片段呈現。大體而言，身爲軍人，或榮民的觀衆，看了都會深受感動，一般年輕的朋友，看了也不會感到枯燥說教，老套乏味。

故事在一個高山上，榮民經營的「鳳凰度假村」展開，描寫有一支年輕人組合成的劇團，來山上度假，與當地一群已退隱山林的老兵，由接觸、採訪、演出晚會，而推動劇情，那些軍人光榮的事蹟，透過影片、對話表演，使人不由向那些犧牲奮鬥了一輩子的軍人肅然起敬。

劇中有一場尖銳的對白，把年輕人那些無知幼稚的看法、觀念，作了深入的抨擊，充分顯現了劇作者的功力。

七十年過去了，當年生龍活虎的一班弟兄，如今死的死了，老的老了，但是他們對國家社會的貢獻，是不容被抹煞或遺忘的，劇中對一些人忘了「日本鬼子」的罪行，立委有意裁撤「退除役官兵」輔導會這樣的機構，也作了沈痛的指摘與諷刺，觀後頻頻使一些鬱悶國事之士，心情爲之一快。

一些當年的戰鬥英雄，退役後做了清潔隊員，結果被醉漢，開車壓斃，開鑿橫貫公路的爆破英雄，退役後，心情苦悶的去聽「紅包場」的歌曲，有人老了離開了軍營，做大廈的管理員，年紀一大把了才贏得一位有小兒麻痺兒子的寡婦的青睞……這個故事比早年的「老莫的第二個春天」，更聞之令人鼻酸。

軍人犧牲了一輩子的青春、生命，最後還不能贏得社會大衆的肯定與同情，這是很不公平的，「戎馬路迢迢」，確爲當年的這些「好漢」，說了公道話。

我非常喜愛這一齣劇力萬鈞，卻又充滿活力的好戲，我覺得當今的教育部、文建會、總政戰部，應該對該劇之演出，予以獎勵或嘉勉，不該等閒視之，如同一般商業之戲劇演出，不聞不問。

（本文發表於八十三年七月五日「大成報」）

反推理劇「黑夜白賊」評介

——紀蔚然的作品

一

李國修領導的「屏風表演坊」第廿回演出的反推理劇：「黑夜白賊」，八十五年六月間在臺南、高雄、臺中演出，到了七月中旬，始來臺北演出。這一陣子，臺北經常午後雷陣雨，一些熱情的年青觀衆，爲看此戲，在國父紀念館前，被淋成落湯雞，但散戲後仍津津樂道，帶著滿足的神情離去，這充分證明了李國修的「劇場魅力」，是其他劇團所難以追得上的。

「屏風表演坊」成立迄今屆滿十年，演出的戲可謂場場轟動，不但在國內巡迴演出，還遠征至美國紐約、洛杉磯、加拿大多倫多、新加坡等城市演出，今年十月間還應香港市政局邀請，專程赴港演出經典喜劇「半里長城」（李國修編寫該劇，八十四年曾獲中華民國編劇學會頒給「最佳舞臺劇編劇魁星獎」），這些事實證明了「屏風表演坊」確有實力，他擁有廣大的群衆基礎，決非偶然倖至。

「黑夜白賊」之演出，首次非李國修編劇、導演，他僅在劇中飾演一個角色，但全劇之演出，仍保有「屏風表演坊」一貫的風格與水準，觀後，令人回味深思，值得提出來，爲之一記。

二

「黑夜白賊」，標榜是一齣「反推理劇」，與「屏風表演坊」以往演出的「情境喜劇」、「時事性喜悲劇」、「無色性喜劇」、「城市喜劇」、「狂想喜劇」、「懷舊感傷劇」不同，是一種「偵探劇」，但劇中照樣有悲有喜，令人迴腸蕩氣，該劇編劇紀蔚然教授與導演徐譽庭女士的合作無間，是該劇成功的主要因素。

一般推理小說，或是推理劇，以及電影上流行的偵探劇，都有一個成規，那就是全劇最後結束的時候，編劇一定會將全劇的謎底揭曉，誰是兇手，或誰是幕後指使者，使觀衆迷惑了半天，最後走出迷宮，頓然大悟，原來是這麼一回事。但「黑夜白賊」這齣戲，號稱「反推理劇」，全劇演畢，也未將謎底揭曉，使看戲的人，仍有一頭霧水之感。

全劇是描寫一個本省家庭的故事，臺詞百分之九十是台語，只有百分之十是國語。使我這外省觀衆，看完後，弄不清楚是怎麼一回事，爲了追求究竟，幸好我先買了已出版的該劇劇本，仔仔細細的看了兩遍、三遍，再與內子玉雪詳加討論，才發覺其中的奧秘、玄妙，找到了最正確的答案！啊，這是「反推理劇」。要看戲的人，反過來覆過去的去推理思想，才清楚原來是這麼一回事。

故事敘述一戶人家，父親已中風，不能言語，久病在床，住在三樓，由已離了婚回家住的女兒在照顧著。大兒子夫婦，二兒子夫婦均不住在家裡。么兒尚未婚，是個不做事，只會喝酒，有精神分裂症的年青人，他住在一樓。二樓由母親單獨居住。一日，風雨之夜，母親自外歸來，發現她秘密貯藏的一隻「珠寶箱」失竊了，內有珠寶、黃金、鑽石，很多値錢的東西，都不見了，焦急萬分，乃電請過去女兒相識的戀人，現爲刑警的陳先生來調查，這位刑警，經過一番詢問，發現可能是「內賊」所偷。因門窗均無破壞，三樓有鐵鎖鎖住，外人不易進入，一樓有小弟看守，也無異狀，何以只有二樓「珠寶箱」失竊。

內賊，有嫌疑者：只有女兒、么兒二人在家，父親中風不可能，母親自己也不可能，但經過盤問，一兒一女，也不可能偷竊。第二幕乃進而向一些曾來過家中的親友調查，兩個兒子媳婦，以及一些親友、嬸婆、叔叔，都列入清查的範圍。在調查過程中，談及了這一家人過去興衰的歷史，及一些鮮爲人知的隱秘。原來兩個兒子曾希望母親賣掉這幢房子，但未爲母同意。最後，在三樓中風的父親死了，一些親友也走了，因雨不停，這房子淹水了，刑警被水困在屋中，走不出去，而結束全劇。究竟是誰偷了那隻「珠寶箱」呢？卻未見明白的交待，似乎是不了了之。

我因聽不太懂臺語，看畢覺得甚爲蹊蹺，乃細讀劇本，想在對話中，找出伏筆、玄機，以明究竟「葫蘆裡賣的是什麼藥」？……讀了兩遍，才清楚編劇在劇中，留下了不少懸疑之關鍵扣子，一旦你找到了「鑰匙」，就可以一切明白了。

原來，「珠寶箱」是林母自導自演謊報說「失竊」，根本是一個「騙局」。她過去一度買空賣空，靠著機運，發了不少財，買了這幢三層樓的「透天厝」，還買了不少珠寶、鑽石，但後來因買股票賠光了，珠寶值錢的東西，也都改他人的姓了。但她在子女們面前，仍裝出很有錢的樣子，暗中向人借錢，向銀行超貸，這幢房子，若如今出售，還不夠還債、付銀行貸款的呢？但這些實情，她的子女均矇然不知。爲了度過難關，她才謊稱「珠寶箱」失竊。

內子柯玉雪是本省嘉義人，她說劇名：「黑夜白賊」，已向大家有了暗示，怎奈粗心的人都忽略了。原來本省人稱：「白賊」就是行騙，騙局的意思，過去本省，有一人名「白賊七」，與「廖添丁」同樣聞名，只是廖添丁是個「義賊」，白賊七則是一個江湖上有名的「騙徒」。暗示了本劇所謂「失竊」，是一騙局。

「黑夜白賊」眞是一齣精彩的「反推理劇」，不知一般觀衆，參悟出其中奧秘否？

三

「黑夜白賊」此次演出，尙有幾個特點，値得在此提出。

㈠佈景設計，新穎可喜。三層樓的透天厝，在一個平面的舞臺上展現，並未用寫實的手法。過去有人演三層樓的戲，舞臺眞的搭三層樓，若眞的寫實搭三層樓，事實上也有困難。但此次徐武臣、張文和等舞台工作人員，以抽象式加上轉景的技巧來克服，殊爲少見。

㈡劇中中風的父親，住在三樓，從頭到尾不說一句話，也不見人影。導演僅用一把坐椅，來代表他的存在，極爲巧思，耐人尋味，與當年曹禺先生的「日出」一劇，幕後黑道人物「金八」，始終不出場，只靠別人在臺詞中，不斷提及他，照樣控制了全劇，頗有「異曲同工」之妙。

㈢全劇音響效果，殊欠理想。記得李國修，以前演出「西出陽關」一劇時，因歌廳外面下著大雨，他就眞的在舞臺上下大雨，假得相當逼眞，這一次下雨的背景，未見強調，連最後大水淹進屋了，亦僅在臺詞上說一說，就顯見未下功夫。再者，高壓電線爆炸聲，配音的音量過大，使人嚇了一大跳……若依劇情，似無此必要！

㈣演員部分，個個精彩，尤其飾演林母的林美秀，貫串全場，唱做俱佳。是不可多得的好演員。李國修在劇中演關鍵人物清水，戲不多，卻十分搶眼。楊麗音演女兒淑芬，黃士偉演刑警陳忠仁，亦十分稱職。

（本文發表於八十五年十二月「中國現代文學理論季刊」第四期）

小評「非關男女」

——郭強生的作品

「非關男女」，是透過一些都市男女的愛情故事，來凸顯現代青年對愛情的看法，強調這一齣戲，不僅是關乎男女之間的事，還涉及社會風氣的轉變；人類的本性，都渴望追求愛與被愛，但往往無法獲得滿足，乃轉而退其次，追逐一些不正常的愛。

這個劇本，故事分三條主線來發展：

一個在大學任教的年輕副教授，因從小未獲得父母之愛，長大後，變成不男不女，徘徊在「同性戀」與「異性戀」之間，最後變成未婚女子向之借種的對象。

一位是別人「婚外情」的女子，因無法爭取到對方完整的愛情，又不想結婚，結束單身自由自在的生活，乃與人媾合，只求能否爲自己生一個小孩。

一個是沉迷在兒童故事，卅歲而又找不到對象結婚的女孩子，在孤寂與空虛中，與一喜歡「同性戀」的男子，大談戀愛，結果是空歡喜一場。

另外穿插了一個太太已懷了孕的丈夫，依然對姘婦戀戀不捨，一個忙於工作的男子，不結婚，卻緊緊控制住另一男同性戀，糾纏不放，還有一個五十多歲的老婦人，盼望再度找回青春，再度結婚。

「非關男女」中，一共有七個人物，除了一位出租房子的房東，較爲正常以外，其餘的都是些都市中好畸形的人物。

不可否認，目前我們社會上，確有這些道德淪喪的負面現象，但自社會上醜惡的一面來取材，對改造社會不良的風氣，不會有正面的貢獻，只是使生活在其中的都會男女，爲自己的作爲，可以找到一個自我安慰的藉口而已。

本劇的作者郭強生，在美國紐約大學攻讀戲劇博士學位，在美國拍「喜宴」成名的導演李安先生，也在美國研究戲劇有年，想不到生活在美國的劇作家，編劇時都離不開「同性戀」，難道除了「同性戀」，就沒有別的題材可以寫了嗎？……而「異性戀」則又離不開在「婚外情」、「未婚生子」、「只談做愛、不談結婚」等情節上去著筆……這眞是當今戲劇界，値得深思探討的一個課題。

台灣大學話劇社演出本劇，在佈景、音效、道具諸方面，力求打破「傳統」，追求「新潮」。三戶人家都沒有牆壁，沒有隔間，打成一片。初看時：家具又不像家具，頗使人眼花撩亂。床不像床，只是在地上，放幾床被子，一會兒是高家的床，一會兒又是陳家的床，電話一會兒用眞的，一會兒又用假的代用品，很不統一，還有導演故意要一個五十多歲的老太太，站到椅子上去講話，似乎「突破」得過份，中間亦不下幕，漆黑房中，放出一些不明其意的「效果」聲……可謂「創新」得使人難以接受，演員中有一兩位，可能缺乏舞台經驗，太低聲音說話，加上咬詞吐字，又不清楚，大大影響了觀衆「欣賞」的趣味，盼以後演出時，能接受建議，加以改進。

（本文發表於八十三年五月十九日「大成報」）

「尋找佛洛依德」的欣賞

——黃英雄的作品

一

「尋找佛洛依德」這一齣戲，是耕莘實驗劇團，於今年「第一屆耕莘藝術季」演出的大戲，是該團的藝術總監黃英雄，於民國八十三年教育部文藝創作話劇類的得獎作品，經該團的藝術顧問黃美序教授改編執導，參加演出的也是該團的精英，因此，頗受各方矚目，那天，我去觀賞時，人潮洶湧，把劇場擠得滿滿的，可謂盛況空前。

佛洛依德是奧國的心理學家，生於一八五六年，卒於一九三九年，是世界精神分析學的鼻祖，對於神經學、心理分析、夢的作用、及性的研究方面，均有獨到的見解，他著的「夢的解析」一書，更是享譽國際，與達爾文的「物種原始」、哥白尼的「天體運行論」，並列爲世界人類三大思想革命的書藉，中文也有譯本。

「尋找佛洛依德」一劇，是探討一個尋找「夢的解析」的劇本。故事敍述一個小說作家，在夢中被他自己寫的小說中的男主角槍殺的故事，當然，這是夢幻的，也是超現實的戲劇，令人迷惑，也耐人深思。劇中，作者藉作家的太太，以及太太的影子，及小說中男、女主角的似眞似假出現，來敍述虛與實的對立，愛與恨的對立，以及筆與槍的對立，將觀衆引入一個夢境，以及眞實人生的片斷。

二

每一個人，多半有做夢的經驗，有時候，夢是未來吉兇的一種預兆，讓你預知未來將發生些什麼事？有時候，夢也只是白天日有所思後的一種潛意識反應，並非是預兆，有時候，夢中發生的事，恰好與眞實的未來，是一種相反的提示。我國周公對「夢」就有一些解說，十分靈驗，西洋的解夢權威佛洛依德，對夢的分析、象徵，以及其凝結、轉移、功能、發展……的理論。雖說得較周公詳盡，但他對夢的解讀，是否正確、或稍準，仍是一個謎。

將「夢」編成戲劇，是一種新的嘗試，黃英雄劇本中，原有廿四個人物，經導演黃美序刪減縮小成七個人物上場，其中有兩個人物是飾演劇中的兩個影子，但在劇中，並未發生突出的戲劇效果，甚爲可惜。

過去張曉風女士編寫的「武陵人」一劇，劇中出現三個黃道眞，一個穿灰衣，一個穿白衣，一個穿黑衣。其實，黃道眞，只是一個漁夫，另外兩個是虛幻的影子，一個偏向理智，一個偏向情感，左右拉扯，讓他左右爲難，比只有一個影子爲強。習志淦編的平劇「徐九經升官記」中，也出現過三個徐九經，當眞實的徐九經，不知要幫侯爺好呢，還是幫王爺好呢？另外兩個徐九經就出現了，在舞台上造成滑稽而又精彩的好戲，如今，「尋找佛洛依德」劇中，太太出現時多了一個影子，小說中女主角出場時，也多了一個影子，僅是略作提醒，與其本人之服裝，式樣、顏色，也不相同，只覺花俏，未見深度。再者太太叫莉莎，小說中女主角又叫莎麗，音同字不同，在舞台上看不見字，易使觀衆，產生混淆，亦有欠妥當。

其次，劇中出現了一個電影導演，但是後來又沒有了下文；打電話中，出現了一個小鳳，後面又未見上場。

戲一開始，作家就夢見一男子追逐，向其開槍射殺死去，後來說，那時在夢中。及後又再次讓帶槍的男子，也就是他小說中的男主角，向其開槍，最後是他制服了那位行兇者。事實上，在劇中是作家的太太有外遇，與一導演發生婚外情，作家應該要那位小說中的人物，去對那位導演行兇才對，爲什麼要使自己創作小說中人物，向自己開槍射擊呢？反讓那位第三者，與太太有姦情的人，逍遙法外，這是使人難以理解的。

如一開場：是小說家，被男子追逐，即將開槍時，槍未響，即燈亮夢醒，同樣會有高潮吸引觀衆看下去的效果，而後面不妨由小說家命令此一男子去追逐，刺殺導演，改變行兇對象，但決定後心中又有矛盾，千方百計，阻止其去行刺，最後造成悲劇，痛悔不已，才醒來，發覺原是一場夢，不是更好些嗎？

這是我欣賞「尋找佛洛依德」一劇後的想法，未知演出者以爲然否？最後，我建議，劇名也不妨稍作修改，改爲「尋夢的人」，似較「尋找佛洛依德」更通俗明白些，何必讓一般人爲難，難以弄清楚呢！

「愛之深、責之切」，盼「耕莘實驗劇團」的朋友們，能諒解我的出發點，更希望不久的未來，能看到他們更精彩的演出。

（本文發表於八十六年四月十三日「青年日報」）

「戲螞蟻」的欣賞

——陳玉慧的作品

一

臺中大里「青年高級中學」，有個影劇科，已有相當悠久的歷史，七十年代林清介拍的一些「學生電影」，多半由該校支援大批學生及拍攝場地，這十幾年來，該校更培育了不少影劇明星、專業戲劇人才，如蘇明明、金素梅、李黛玲、林強、羅時豐……等都是該校畢業的傑出校友。

記得十年前吧，該校演出我編的舞臺劇「眼」，該校校長蔡松齡先生，曾專程請我去臺中觀看，招待吃、住之外，還陪同我參觀該校的各項影劇設施，對我來說，留下極深的印象。

八十三年，大陸對岸上海，舉辦了一項「慶祝莎士比亞戲劇節」的國際活動，邀請了英國、德國，還有臺灣的「屏風表演工作坊」去演出有關「莎士比亞」的戲劇，當時，中國舞臺劇協會的理事長張英先生，特受邀組團前往觀摩訪問，我與貢敏、曾西霸、丁洪哲、王士弘、王淑華等教授，還有青年中學的吳柏廷老師，都參與了這個隊伍，十天內看了不少精彩的好戲，同時也購買了不少大陸出版的戲劇理論專著，使我與吳柏廷老師，聚集在一起，增進了不少的情誼。

最近，青年中學畢業公演了留學德國陳玉慧教授編劇的「戲螞蟻」一劇，專程請我去臺中看戲指導，乃欣然前往，雖往返坐車耗費了五個多小時，但歸來時，深覺不虛此行，值得爲之一記。

二

「青年中學」影劇科，過去演過我好幾個舞臺劇，如「沒有舌頭的女人」、「多少思念多少淚」、「眼」……等，都是一些佈景簡單，人物不多的小型戲劇，相隔了十年，今年他們畢業公演的，可稱得上是大場面，大製作，具有高難度挑戰性的大型戲劇，若無大魄力，大手筆，大成本，根本無法敢輕易嘗試，而演出之水準，較諸臺北「國家劇院」的盛大演出，也毫不遜色，說句不過份誇張的話，眞是「士別三日，當刮目相看」。

「戲螞蟻」這齣戲，六年前，曾由「蘭陵劇坊」與「明華園歌仔戲劇團」兩大團體合作，於臺北市社教館演出過。全劇是以現代舞臺劇手法，呈現歌仔戲在野臺演出之種種情景，把現代表演藝術與傳統的本土歌仔戲曲，結合融和成一體，作完整的呈現，擔任是劇的導演、演員、技術工作人員，對於兩種不同的戲劇形態，非有相當的根基與功力，很難表現得盡善盡美，稍有疏誤或缺失，就易造成兩面不討好，畫虎不成反類犬之譏誚。

「青年中學」此次由影劇科主任吳柏廷與何孟茹老師聯合執導此劇，另外邀請了國家「薪傳獎」歌仔戲得主，廖瓊枝女士為該劇演出顧問，專業製作歌仔戲服裝有廿餘年經驗的黃月鴻女士，為全劇戲裝之設計，身段之指導，以及梳裝、化妝之顧問，另外在舞臺演出方面，因全劇有舞蹈、音效、幻燈片、燈光、特殊道具，特請了張家肇擔任舞臺設計，陳淑冠舞臺監督，王北桂幻燈音響指導，柯永利音效設計，李志剛燈光指導，唐清華燈光設計，莊興芳化妝設計，陳香齡舞蹈指導、余祝嫣藝術指導，周淑卿化妝設計，……這些都是該校各該專門課程的專業老師，這一次的公演，是師生凝結在一起，共同努力的成果，其演出之令人奪目喝采，絕非偶然也。當然總其成的校長曾清來先生，領導有力，肯投注大批的人力、財力、心力，作這樣的呈現，更是功不可沒。

三

「戲螞蟻」的劇情，描寫清末福建某地，有一書生馮湘，愛上富家女林上美，因女方父母反對，未能成婚，抑鬱死去，其英魂毒咒林上美轉世後，也不得愛任何男人。

若干年後，林上美死後投胎轉世，為臺灣某歌仔戲劇團臺柱女主角，與團內扮小生之另一女主角花月雲相愛，而馮湘則仍為鬼魂，渡海來臺，與之相遇，經常附身於花月雲身上，於演戲途中，發生感情矛盾，衝突糾纏，紛亂的怪異情事，讓歌仔戲劇團每次演出，橫生不少枝節，使觀衆不禁一掬同情之淚。……

全劇開始不久，鬼魂馮湘懇求劇中歌仔戲導演劉建，攜其過奈何橋，渡海來臺尋找林上美，臺上利用燈光變幻，臺下一群披髮的女鬼，手拿蠟燭，列隊自觀衆席中上場，加上音樂、乾冰效果，及說書人之道白，不斷空中飄灑冥紙，氣氛之營造極佳，而馮湘鬼魂之白色長衣紗袖，白底鞋襪，長髮披肩，面容青灰化妝，跳躍轉身之舞蹈動作，也是美妙的精緻設計。

劇中穿插了一場歌仔戲導演，排演說戲的過程，也十分精彩，那位演歌仔戲導演的演員，一會兒演男角，一會兒演女角改說女腔，演來絲絲入扣，眞像一位演歌仔戲的「行家」，比較美中不足的是其中，有一場爲女主角拉琴吊嗓子的戲，因他本人不會拉胡琴，由幕後他人代拉配音，露出了馬脚，誠爲一憾。

劇中，安插了一些小角色，如兩位年輕學生的穿插，及爲了替喜歡的主角管理服裝，爭執的戲，都演得極爲生動活潑。

戲中串戲，也插入了「幻燈片」的放映，但畫面不夠明晰，是需要改進的地方。劇中馮湘一角，始終未開口說話，僅靠肢體舞蹈，來表達情感，可能受劇本所限，我在想，若能在最後，緊要關頭，開口說一兩句關鍵性的臺詞，作「畫龍點睛」式的，點明全劇的題旨，當可更能使人留下深刻的記憶。

觀後愚見，供該校師生參考。期望該校未來的演出，能更完美，更精彩。

（本文發表於八十五年五月七日「台灣日報」）

「行行出狀元」評介

——蔣志平的作品

教育部與文建會聯合主辦的「八十年大專院校暨社會劇團聯合舉行的話劇比賽」，今年共有七十二場的演出，凡參加的團體，所有的工作人員，均全心投入，力爭比賽的榮譽。每場演出，來看戲的觀衆，也十分踴躍，但一般報紙，似乎只熱衷於報導街頭學運遊行的有關新聞，對於舞台話劇演出的情形，鮮少關注與介紹，劇評也很少見報，這是有欠公允的。

最近，我去藝術館看了東南工專學校演出的「行行出狀元」一劇，頗有所感，爰作客觀之評介，以引起戲劇愛好者之參考。戲劇，是表現人生的綜合藝術，也有「美化人生」、「教化人生」的特殊功能。「行行出狀元」一劇，由該校董事長蔣志平先生擔任編劇，殊爲難能可貴，這是一齣寫實的社會倫理劇。其主旨在透過一個家庭中的幾個年輕人，希望他們不要受時代潮流的影響，一味的急功好利，應依恃自己的志趣與專長，去奮鬥發展，才能走出人生之康莊大道。

大家都很清楚，現在的青年，喜歡不勞而獲，追求快速的名利，而家庭父母之家教，對子女之成長，亦往往有此偏袒，加上愛情、事業的諸種衝突，致導使許多矛盾、挫折、痛苦隨之發生，而迷失了追求人生理想的目標。

鍾家的三個兒子，長子因過份的孝順，爲挑起家庭的重擔，放棄學業，走上做職業歌星的道路；次子則因從小不受母親的重視，而自甘墮落，爲求有所表現，而反陷全家於困窘，只有老三雖智商不如他人，卻能在一再的鄙視與打擊下，找到自我奮鬥的樂趣，最後因參加國際技能比賽獲獎而受到大家的肯定。

這樣積極有爲的主題，以現實社會的風貌，來編織情節，創作者的苦心，是該受到讚賞的，只是在編寫技巧上，若干人物的出場，未能充分的利用與配合，減弱了全劇的感動性，則是相當可惜的。

例如，劇中有一位名師，只出場一次，勸老大不要爲了唱歌，而放棄學業，後面不再出場，這一人物若能充分利用，不但可糾正老二的編狹心理，也可對老三，不時加以鼓勵。再如最後一幕，汽車修理廠老闆上場，報告老三得獎的喜訊，此人事先很少出場，就會覺得非常突兀。再如老二，在第一幕無戲，後面投資建築房屋失敗，事先也缺少伏筆，他振振有詞爲自己辯護時，前面因無情節舖排交代，就難以引起共鳴，減弱了劇力。再如老大的同學，獲得留美博士學位來訪，猶如蜻蜓點水的插入，也有生硬之感。

第一幕開始，就介紹老大聲帶有了毛病，不能再唱歌，但後面此一線索，卻中斷了不再提起，最後一幕，時間已相隔了三年，但劇中人之服裝，一無變化，也難以使觀衆接受。女兒跳舞之穿插，也無多大必要，這都是美中不足之處。尤其是老三，敘述他已找到人生工作中的樂趣時，最後卻冒出一句：「我不告訴你」來作結，更是一大敗筆。

綜觀全劇，導演及演員，可謂均盡了最大之努力。但部份演員動作放不開，部份演員動作又過份的虛矯誇張、舞台化，加上燈光，缺乏默契等良好的配合，使演出應有的效果，打上折扣，這也是相當可惜的。

最後，我要說的是，劇名「行行出狀元」太直接，不如改爲「青春的腳步」，較爲含蓄，未知編劇以爲然否？

（本文發表於八十年五月廿四日「大成報」）

我評「怯情記」

——張紹鐸・杜泰生的作品

看了外國的名劇「戀馬狂」以後，我又接著看了「中國劇坊」在國立藝術館，爲參加「話劇比賽」演出的「怯情記」。這兩齣戲，眞是一個很強烈的「對比」，因爲「戀馬狂」是相當新潮的，而「怯情記」則是十分「傳統」的，四幕戲在一個客廳佈景中演出，雖不如「雷雨」那樣嚴格遵守「三一律」（Three Unity）的格局，但全劇運用三S：懸疑（Suspense）、驚奇（Surprise）與滿意（Satisfaction）的技巧，配合著三C：衝突（Conflict）危機（Crisis）與高潮（Climax）的要素，使全劇充滿了張力，吸引觀衆，一直全神貫注的看下去，編寫是劇的張紹鐸、杜泰生二人，是花了相當的心血，令人敬佩。

全劇的主題在闡述年輕人，不可爲了金錢的迷惑，而不惜犧牲一切，鑄下一些罪行，結果會受到心靈的折磨，陷入痛苦的深淵。

劇中人趙能偉（張紹鐸飾）因看上患有小兒痲痺不良於行王美智父親的財富，達到與之結婚的目的，以爲這樣事業有前途，人生有幸福，不惜狠心的將心愛的女友，推下懸崖，任其死亡，然後與王美智結合，那知十年後，那位女友並未死去，反來找他尋仇，意圖報復，要他家破人亡，在膽怯心虛的情形下，趙能偉痛不欲生，但已悔之晚矣。

在現實社會崇尚拜金主義的社會風氣下，「怯情記」的演出，頗有警世的社教意義，我想對看戲的青少年來說，具有良好的啓示作用。

唯劇中嚴格的探討起來，也有些不合理處，這裡我願提供一些淺見，供「中國劇坊」參考，若再稍加修改，可能更好一些。

一、趙能偉婚後十年太太才懷孕，而尋仇者亦十年後始出現，不是沒有可能，但若改爲五年，時間拉近一些不是更好嗎？劇中第一幕，太太一看見玫瑰花很喜歡，趙能偉卻一再強烈的敏感反應，你想事隔十年，是否過份戲劇化了些？

二、對話方面：第一幕護士小姐與女傭阿嬌之間的對話，有些過份重複，似可刪簡短些，最後一幕，趙說他以前的女友，當時也是個「窮光蛋」，似乎很少人把女人也叫「窮光蛋」的，改說「家中環境也不富有」，較爲貼切。又王父一上場就對大家說：「我完了，一切都破產了……」，亦太誇張戲劇化，這樣的台詞應稍緩，人少時或再次上場時才說，較合情理。

三、最後揭曉，兇手是趙的好友洪醫生，靠尾聲來交代是軟弱乏力的，若在第一幕，就加入洪醫生與梅小姐的對手戲，交代洪對她有好印象，後面再穿插梅與洪的衝突，最後一幕，才交代洪是兇手，就不會有唐突之感了。又第一幕收場戲，窗外有一黑影出現，使護士阿嬌驚嚇，似屬故弄玄虛，是一敗筆，可以刪去。

全劇演員整齊，張紹鐸、史良騏、杜泰生均爲劇壇老將，表現出色，唯服裝方面，較少變化，再次演出，可以改進也。劇名叫「怯情記」不夠有吸引力，不如改爲「梅花三弄」較爲切題，不知編劇認爲然否？

第四幕，警察接聽局裡打來的電話，若改爲「大哥大」，似更合理些，這點也供演出者參考。

盼望「中國劇坊」繼「怯情記」後，有更精彩的演出。

（本文發表於八十三年五月六日「大成報」）

「橘色泡泡」的欣賞

——古曉茵的作品

一

耕莘文教基金會，自八十六年元月份開始，辦理第一屆「耕莘藝術季」，接連由十個劇團，每月演出二至三齣不同風格、不同視野、不同領域的舞台劇，其中，還有遠自高雄來的劇團參加演出，把「耕莘實驗劇場」這一新開闢的園地，眞的炒熱了。

第一齣由「戲班子劇團」演出的「橘色泡泡」，總共只出場兩個演員，但演出成績，相當突出，令人刮目相看。

記得抗戰期間，曾演過一齣名叫「人約黃昏」的獨幕舞台劇，七十年代，眞善美劇團亦曾在臺北演出過該劇，全劇只有一男一女兩個演員，從頭到尾，絕無冷場，但「人約黃昏」與「橘色泡泡」比較起來，「橘色泡泡」似乎更上層樓，眞是後生可畏。

二

「橘色泡泡」故事的背景，放在臺北這一都市。

有一個叫查理（CHRIS）的年輕人，獨自租屋居住在一間公寓裡，過著神仙似的「單身貴族」生活，他在一家PUB擔任調酒的工作，又兼做直銷，可以賺取不少的佣金。愛情生活因不受任何束縛，女朋友很多，夜夜及時行樂，逍遙自在。一日，公寓來了另一位新的女房客，名叫派恩（PAIN），她因無法適應現實社會，學校畢業後找不到工作，到處碰壁，精神方面十分苦悶，整天把自己關閉在屋子裡，不願與外界接觸，與查理雖天天見面，卻格格不入，彼此輕視，形同陌路。

一日，查理在醫院健康檢查，發現自己不幸患上了癌症，此一意外，頓使他對人生的觀點，產生了一百八十度的轉變，他原本嘻嘻哈哈的，卻變得愁眉苦臉起來，而派恩本著同住在一個屋簷下的關係，對之表示關懷，她爲他泡了一杯「橘子汽水」，使兩人的距離拉近，及後，又陪他一起去過一個浪漫的生日，使兩人的感情起了變化，原本是有「自閉」心理傾向的派恩，忽然變得開朗起來，而查理也漸漸恢復正常，不再悲傷，這時檢查得癌症的報告，醫院發現是「張冠李戴」弄錯了，形成是一荒謬的錯誤，解開了查理的心結。

這是一個寫實的喜劇，現實的都市叢林中，很可能有類似的情節，在不斷發生，但是很少劇作家以此爲題材，將之編成劇本。

「橘色泡泡」由該團古曉茵小姐自編、自導、自演，劇中另一男主角，則由杜政哲擔任，二人搭配得相當協調，使演出獲得圓滿的成功。

三

站在編劇的立場，我這裡提供一些拙見，給編導的古曉茵小姐做爲參考，若能稍加潤飾修正，效果將更爲突出。

一、劇中男主角是主動辭職離開工作，我覺得若改爲被動被老闆辭退更好一些，而他失業後又無法找到新的工作，使他受到生活的壓力，更爲沮喪、頹廢，較他自己主動辭退工作，有力多了。

二、其次愛情方面的變化，亦未見觸及，過去有錢時，女朋友與之做愛者，天天變換，失意後，女朋友均一一離去，主要原因是他已沒有了金錢，若編劇不堅持全劇必須只兩個人，不妨增加一第二女主角上場，戲可更熱鬧些，不致過份單調。

三、全劇中，沒有交代查理及派恩二人之家庭情況是全劇的最大敗筆，只需一兩句台詞，就可以交代二人的經濟來源，遠在南部的父母匯寄錢來解決，或有一些存款，可以不因爲房租、日常用品發愁。現實生活不顧，就像一些唯美主義的作家，作品中聞不到一絲人間煙火，那樣太幻想超現實化了。

四、台詞中有「狗屎」，不如改爲文雅一些的詞句，出諸女孩子的口，文雅些，比粗俗總要好一些。又衣櫥內露出一女人奶罩，似乎也不必太過份強調，眞實生活中女人的奶罩，也不一定會露在衣櫥外。

五劇中有一場二人決定去一高級餐廳吃飯，共渡快樂生日，臨行時不妨修改爲男的忽想到自己的錢不夠，準備打消去意，而由女的表示，可以由她來付帳，較如今演出時，僅忘了折回取皮包，更深入些。

以上幾項，希編劇能加推敲接納，相信，加以修正後，成績當更有可觀，「橘色泡泡」的劇名，十分別致，最後用「泡泡」的音效來收場，尤爲可喜，不知其他觀衆與我有同感否？

古曉茵小姐未來的成就，是難以預估的，願她不斷努力，有新作品，呈現在觀衆面前，有一句話：「好戲是不會寂寞的！」

（本文發表於八十六年三月十六日「青年日報」）

小評「惡地迷踪」

——文化大學影劇系集體創作

一

八十六年元月五日，一個寒風凜冽的冬夜，我和文化大學的影劇系主任周靜家博士、該校的影劇組導師劉華教授，在天母誠品書店的「露天劇場」，觀賞了一齣學生集體創作的舞台劇「惡地迷踪」，雖說劇情比較單調了一些，但是，頗有梅特林克（Maeterlinck）象徵戲劇的味道，特爲之一記。

「惡地迷踪」是該校三年級同學集體創作的一齣即興寫眞舞台劇，敘述一群年輕的學生，去爬太平山的故事，結果因爲中途迷路而造成了一次可怕的山難事件，因爲他們躲在一陰冷晦暗的山洞中，始終未能被援救的人員發覺，終於都死在那個山洞中，無一人生還。

在等待援救的過程中，有人負傷，有人哭泣，有人埋怨，有人推諉責任，也有人掙扎尋求生存的出路，但是一切的努力，最後均屬枉然。

二

這使我想起出生於比利時的梅特林克，被舉世公認爲「象徵主義」宗師的作品「群盲」（The Blind）與之極爲相似，揭露出：人類面對命運困境的無助，眞是悲慘絕倫。

「群盲」是一齣獨幕劇，幕升起時，我們看見一群盲人，有老、有少、有男、有女，約十餘人，在樹林邊靜坐等待著，他們是由一位年老的牧師，領導走入樹林的，誰知半途上，老牧師靠著一棵樹，突然，不出一聲的死去了。而這些盲人，起先並不知道，還在閒聊、談笑，及至發現牧師死去，這一群盲人，頓時陷入困境，這時忽聞有嬰兒的哭泣聲，大家以爲嬰兒看得見，可能帶他們找到出路，便把嬰兒高舉起來，但是嬰兒只會哭泣，不會說話，也無濟於事，衆盲人才感到茫然，不知所措。在一片黑暗中，幕緩緩落下。

三

「惡地迷踪」的情節，與之頗爲類似，而在寒風刺骨的「露天劇場」演出，頗能傳達那些在高山上迷路青年的景況與心情，只是事前無完整的劇本，致對白方面，由演員即興來說，缺乏深度化，佈景方面，也沒有陰暗山洞的感覺，音效方面：直升機由遠而近也沒有聲音加入，以及衆人在山洞中，看不見天亮又天黑的不同燈光變化，劇中雖穿插了一位記者，再三的播報氣象新聞，但未見有山難家屬的出現，及救援山胞的上場，缺乏正面的呼應。報告新聞的演員，雖有一場，是穿著雨衣上場，顯示天氣惡劣，風雨交加，但其他各場之服裝，顯然不是冬裝，似乎未注意服裝之配合。

再者，在山洞中，應有燃火取暖，或節約糧食、飲水分配等措施，以及思念家人之穿插，戲劇才有張力及壓迫感，如今都舖排得不夠，顯得粗糙簡陋。十餘個演員中，又無個別的特色，致無人給觀衆留下深刻之印象。

嚴格的說，這一群年輕的戲劇工作者，熱忱有餘，編劇之經驗，尙待磨練，盼望下學期演出：約翰·辛的「海上騎士」與「幽谷暗影」時，能有所改進。

即興演出可以嘗試，但「先有劇本」的演出，比「沒有劇本」的演出，成功的機會大一些，則是一定的，絕不能因此而否定了編劇的重要性。

（本文發表於八十六年一月廿四日「青年日報」）

電影「紅柿子」
——王童的作品

一

「紅柿子」這部電影，是電影名導演王童的最新力作，也是他繼「稻草人」、「香焦天堂」、「無言的山丘」等片後一系列關懷鄉土的影片之一。對一些年輕的朋友來說，……這些往事的追憶，似乎是陌生，不關痛癢的，但是對一些親身經歷過戰火，卅八年從大陸撤退來臺的老年人來說，這些古老的畫面，親切細膩，看後無不感動得熱淚盈眶，鼻酸不已的。

王童當年來臺時，還只是七、八歲的小孩子，如今四十多年過去了，留在他心坎裡的父親、母親、姥姥，那些點點滴滴的往事，埋藏在心裡，終於作了一次痛快淋漓的發洩。吳念眞紀念他的父親，拍了「多桑」，王童紀念他的童年，拍了「紅柿子」，可謂相互媲美，更易引起大多數觀衆的共鳴。

「紅柿子」電影中，有一大群小孩，光著屁股，等候姥姥用陽光晒熱的水給他們洗澡，其中有一個小孩子長大後，給姥姥畫了一張畫像，姥姥看後，說畫得不錯，只是缺少一份「神韻」，那個畫像的小孩，就是王童自己，那時候，他在學校讀書的時候，學名叫「王中和」。

二

「紅柿子」中有一個，被部屬叫做「總司令」的父親，那就是王童的父親，他不是「陸軍總司令」，也不是「空軍」、「海軍總司令」，而是貨眞價實的「集團軍總司令」。在大陸上陸軍有很多軍隊，王童的父親叫王仲廉，是黃埔軍校第一期畢業生，在軍中由排長幹起，自連、營、團、旅、師、軍長，民國卅一年，王童出生的那一年，他已是卅一集團軍的副總司令，第二年升爲十九集團軍總司令，要指揮好幾個軍的人馬作戰，如今，在臺灣軍隊整編縮小了，也就沒有「集團軍總司令」這一個職稱了。

王童的父親王仲廉中將，在軍隊指揮作戰了很多年，征戰十二個行省，打過不少勝仗，其中「臺兒莊大捷」，更是中外聞名名垂青史，爲他贏得一座「青天白日勳章」，這些輝煌的功績，王童在「紅柿子」一片中，卻隻字未提，我覺得是「美中不足」之處，電影中的那位父親，是脫下了戎裝的一位「光頭總司令」，養雞、養牛蛙，都不成功，做生意賣紅藍鉛筆，也不順利，最後，把自己的房屋，出租給洋人住，把蒐藏多年的珍貴字畫，便宜的賣給古董商，甚至把好不容易逃難時帶出來姥姥心愛的那幅齊白石畫的「紅柿子」，也割愛拱手讓於他人，眞是他心中的辛酸悲苦，幾人得知。

三

王童的母親，郭翔九女士，十分賢淑能幹，她河南大學肄業，精通繪畫，王童之長於美術，是得自母親之遺傳。劇中的姥姥，也就是王童的外婆，她是河南師範教育科出身，她愛好繪畫，所以逃難時，還帶了一木箱的字畫出來，她愛好傳統戲劇，所以常帶領一大群孫子、孫女去看電影，她擅長手工藝、剪紙、繡花、……在「紅柿子」電影中，由陶述來飾演此一角色，眞是不作第二人想，那些慈祥、安逸、滿足的神態，眞是每一個老祖母的典型。在劇中，王童穿插了一段當年白光、嚴俊、王元龍三人合演「血染海棠紅」的片段影片，以及電影院門口三船敏郎主演「宮本武藏」的巨幅電影廣告，在在顯示了王童美術方面的專長，及對藝術的用心與造詣。

四

民國六十九年十二月，我在中視公司製作「大時代的故事」社教節目，在一〇四集：「居庸關與平型關」中，我曾安排了主持人李聖文先生訪問王仲廉將軍，因他曾親自參加過「居庸關」一役，也就是抗戰開始不久後，最早的一個戰役，王仲廉當年是少將師長，指揮一個師的官兵，與日軍三萬餘人，鏖戰了二十晝夜，陣地數度逆襲，失而復又奪回，奪回又復失，是抗戰初期最激烈的一個戰役，我軍當時僅有手榴彈、手槍、大刀；與日軍之飛機、大砲、坦克、毒氣相對抗，錄影時王仲廉將軍，已是七十八歲老人，但談起當年他卅四歲抗戰作戰時之往事，猶精神矍鑠，神態飛揚，充分顯示出沙場老將的一副軍人本色。

王仲廉將軍，共生了十二個子女，有時候他自己也分不清兒女的名字，「紅柿子」電影中，也有這樣的介紹，除了王中和以外，他有一個女兒叫王中慧，我也認識，愛好編寫電視劇本，曾是「中華民國編劇學會」的會員，惜因患上了癌症，英年早逝。王中和有一個弟弟叫王中強，是中國電視公司的名導播，導播過不少國語八點檔連續劇，得過最佳導播「金鐘獎」，王中強的太太，是電視名演員李芷麟，在我製作的「春雷」一劇中，演過曹旅長的女兒曹佩，在「長白山上」一劇中，飾演「五虎幫」中的老么「黑妞」，相信大家一定還記得，在「紅柿子」電影中，她也軋了一角，不知觀衆有否發現？

王仲廉將軍的子女，個個有兩下，眞不簡單。

記得那次王將軍錄影後，特贈送我一本他親自寫的「紅塵回憶」，洋洋卅萬言，敘述他一生的戎馬作戰生涯，圖文並茂，該書以內容精闢，曾獲蔣經國總統頒發「陸海空軍褒狀」獎勵，六十七年出版，惜現已絕版。

五

在電影業不景氣的情況下，大家都拍有「商業賣點」的片子，這樣，才不會賠本。

我們已很久沒有看到像「紅柿子」這樣的電影了。

姥姥最心愛的那幅「紅柿子」國畫，雖千辛萬苦輾轉帶到了臺灣，最後，爲了生活，爲了讓孩子們能讀大學，出國深造，王仲廉將軍拱手割愛讓給了別人，這一段讓人心酸的故事，我眞希望年輕的朋友，能流傳下去，讓下一代的中國人，永遠知道。

（本文發表於八十五年四月十五日「臺灣日報」）

「紅柿子」裡的總司令

——憶王仲廉將軍

最近，看了王童繼「稻草人」、「香蕉天堂」、「無言的山丘」後，新拍的電影「紅柿子」，與起我寫這篇短文，爲大家介紹一下，「紅柿子」中那位被稱爲「總司令」的父親，也就是導演王童的父親：王仲廉將軍。

黃埔同期同學有王叔銘、胡宗南和袁守謙

王仲廉將軍，是江蘇蕭縣人。出生於清光緒廿九年（民前九年），先在家鄉完成私塾學業，繼而進入徐州中學就讀。民國十三年，與同窗王敬久、王家修二人聯袂乘輪去廣州投考黃埔軍校，當時各地投考學生一千二百餘人，四月間放榜錄取四百七十名，那時他僅廿二歲，第一期同學中，有王叔銘、胡宗南、冷欣、袁守謙等人。同獲錄取之王家修同學，畢業後，參加「棉湖戰役」即告陣亡，王敬久同學，畢業後在軍中曾任團長、副師長等職，來臺後於民國五十三年病逝於臺南市。

黃埔畢業後，他奉派至上海，由陳果夫指揮，擔任招募新兵工作、出任報導二團排長，從此開始了五十年的戎馬生涯。

十五年任連長，北伐時擔任敵後工作，多次出生入死，均倖免脫險，某次在徐州車站同行多人，均被當時軍閥張宗昌逮捕遭槍決，王仲廉為首領，敵方懸賞二千大洋緝拿，危急時，他靠著沉著機智逃亡，挨餓受凍，狼狽不堪，幾至露宿街頭，後獲同志相助，始安然返回南京。

民國十七年北伐開始，部隊整編，升為少校營長，十八年七月又奉命進軍黃陂，掃蕩匪巢，在追剿過程中，險象環生，作戰伙伴，壯烈成仁者，均為年輕之革命鬥士，王仲廉以作戰神勇，擢升為團長，在顧祝同師長麾下，與馮玉祥叛軍對抗，石友三部隊鏖戰浴血，在槍林彈雨中流血流汗，十九年中原大會戰後，以戰功升任第二師第十一團團長。

廿年參加剿匪戰役，當時補給困難，冰天雪地間，官兵們身著單衣，荷槍實彈，與敵人艱苦奮戰，有時枵腹終日，難得一飽，迫於無奈，常向地方政府洽借儲糧，以解燃眉，此中甘苦，眞非筆墨所能形容，因是士氣消沉，情勢危險異常，意志不堅者，淪為散匪，日夕劫掠，因之剿匪諸役，乃常為之挫折。王仲廉當時已升為第四旅少將旅長，「燕子樓一役」，代人受過，因督率不力，獲犯過之處分，部隊亦奉命改編，這是他最傷心難過的一刻，後在鄂東剿匪時，始因有功，將記過處分撤銷。

迄廿三年，王仲廉將軍先在豫鄂邊區四次清剿匪軍，殲滅匪軍官兵甚衆，升為八十九師師長，十月間五次進剿，推進至江西瑞金，將匪之老巢蕩平，獲得輝煌之勝利，上級頒發四等「雲麾勳章」乙座。

一師兵力扼守兩百里戰線與敵軍周旋近一個月

廿六年七月抗戰爆發，八十九師奉命扼守「南口」，以阻止日軍南下。王仲廉以一師之眾，守二百餘華里之正面，以戰線過長，而敵我兵力懸殊，可謂任務十分艱巨，且官兵到達南口，未及三日，所有防禦工事尚未築成，日軍已出兵進攻，在倉促應戰之情勢下，情勢危急萬分。

日軍先出動大批空軍轟炸，繼而再用炮兵，集中火力射擊，然後才用戰車，在步兵掩護下，疏散向前推進，而我方火力裝備，不及日方遠甚，全憑血肉之軀，及山勢之險要地形掩護，與日軍周旋。結果，日軍在右翼攻擊奏功，我軍退守居庸關，賡續抵抗。前後戰鬥達二十餘日，其間我第四師十二旅旅長石覺，曾率領九個連，在晚間突襲日軍，奪回陣地，造成逆襲成功的奇蹟。戰況激烈時，王仲廉曾派勇敢善戰的李瑾營長，挑選饒勇官兵卅人，組成「奮勇隊」，每人發給手槍一枝、大刀一把、手榴彈八個，夜間摸黑，向敵營發動奇襲，進入陣地後，一齊投出手榴彈，隨即吹起「衝鋒號」，殺聲震天，使日軍在半夜倉皇潰退，失地又告奪回，形成拉鋸戰。

及後日軍再度出動大批援軍，並施放毒氣，我軍乃不得不放棄轉進，「居庸關一役」，日軍共出動官兵三萬餘人，死傷一萬餘人，而我方官兵死傷僅二千五百餘人。

民國六十九年時，我在中國電視公司製作「大時代的故事」電視節目，曾安排主持人李聖文先生，在錄製一百零四集「居庸關與平型關」這一集時，親自訪問王仲廉將軍，談當年此役之經過，是年，王將軍已是七十八歲高齡，尤精神奕奕、中氣十足的侃侃道來，顯示出十足標準沙場老將的軍人本色。

節目結束後，他還贈送一本於六十七年出版的洋洋巨著「征塵回憶」給我。述他一生，參加各次戰役之經過，該書除文字外，尚有多次戰役之作戰地圖，共卅餘萬言，曾獲總統蔣經國，頒發陸海空軍褒狀獎勵。

在八年抗戰期間，王將軍自廿六年南口戰役開始，至卅四年西陝口戰役結束，眞是不折不扣打了八年零十天的仗，征塵萬里，血灑十二行省，其中「台兒莊大捷」一役，更是舉世聞名，王將軍亦因此役，榮獲了革命軍人最高的榮譽：「青天白日勳章」。

按「青天白日勳章」，是最難獲得的勳章，非冒生命危險不能獲得，國軍將領中，獲此勳章者，不過十數人，王仲廉將軍得此勳章，殊爲不易。

王童拍「紅柿子」對父親的功績著墨不多

王將軍在「征塵回憶」一書中，敘述抗戰八年之中，參加之大規模之浴血戰役共有十六個，平均每年兩個戰役，在攻防、遭遇、追擊、轉進各種惡戰中，披星戴月、櫛風沐雨、不畏艱險、出生入死，與之共生死的弟兄，眞是以「血肉之軀」，築成了「新的長城」，這些事蹟，均非此時此地，一些年輕朋友所能想像的。

「紅柿子」的導演王童，本名王中和，是王仲廉的第五位公子，他出生於民國卅一年，這一年冬天，王仲廉將軍已奉命調升爲第卅一集團軍副總司令，卅二年他援蘇歸來，升爲第十九集團軍總司令。嗣後又調任爲卅一集團軍總司令。卅四年勝利之前，他還在西峽口、南北地區，以集團軍總司令身分指揮第十二、十三、廿九、八十五各軍官兵，與日寇打了四個月的仗，直到日軍放下武器無條件投降。

抗戰勝利以後，王將軍仍未脫下戎裝，繼續在疆場爲國效命，直至卅八年大陸撤退，始與眷屬分批來臺。

王仲廉將軍前後共生有十二個子女，來臺後，以食口浩繁，生活清苦。王童那年只有七歲，還是個上小學不久的小孩子，他對父親一生轟轟烈烈的功績，知道的也不多，只知道父親是「總司令」，在「紅柿子」一片中，他只介紹了父親在臺清苦生活的一面，沒能把他父親生前爲國流血盡忠的事蹟，作「畫龍點睛」的介紹，甚覺「美中不足」，特撰此文補充以作介紹。

如今，在臺灣已無「集團軍總司令」，影片中未作說明，一些年輕的觀衆，可能會誤會他是陸軍總司令，這是我在文末特別提出，要向大家說清楚的。補充說明的是王童的弟弟王中強，過去在中國電視公司任導播與我是同事。

王導播過去導過很多知名的古裝歷史劇，也得過多次「金鐘獎」的榮譽，中強的太太李芷麟，也是名演員，得過女主角「金鐘獎」，我過去製作「長白山上」一劇時，她在劇中飾「五虎幫」中的黑妞，「春雷」一劇中，飾演曹旅長刁蠻的女兒，如今在「紅柿子」裡，她也客串演了一角，戲不太多，不知觀衆有否發現？

（本文發表於八十五年四月十六日「中央日報」）

我寫「李商隱之戀」劇本經過

李商隱，字義山，又號玉谿生，是晚唐一位極出色的大詩人。他的詩沈博絕麗，獨闢蹊徑，淒美婉約，雋永清新，千餘年來，受人喜愛，歷久彌新。

他一生坎坷，經歷晚唐朋黨之爭的傾軋，可謂受盡在夾縫中求生存的折磨。在愛情方面，卻多采多姿，但又似隱藏一些難言的苦衷。他留下的「艷情詩」、「無題詩」，綺麗而淒美，婉約而不膚淺，唯辭意晦暗不明，令人困於索解，難以猜透。

國內治李義山詩文者，不下十餘家，其詩箋註，清時有馮浩箋玉谿生詩，樊南文集詳註，錢振倫、錢振常註、樊南文集補編。近有朱鶴齡註李義山詩集、朱偰李商隱詩詮，在大陸有吳調公者，研究李義山達五十年之久，完成了「李商隱研究」一書，尤爲精闢。

唯最難得的是蘇雪林教授。她在民國十六年，於蘇州東吳大學執教時，授課之餘，因深入研究李商隱的詩，先發表了一篇論文，繼而她自述在查證古籍中，有如發現了一塊「鑛苗」，經一再鑽研挖掘開鑿，是年出版了一本「玉溪詩謎」，把李義山生前一些隱僻晦澀的詩謎，找出了明確的解答。

原來年輕時候的李商隱，曾先愛上過一個名宋華陽的女道士，後來，竟然又與深宮中皇上的一對姊妹花宮嬪，有所接觸，陷入感情的深淵，難以自拔。

在當時的封建時代，這種愛情，一旦曝了光，不但自己的腦袋要搬家，甚至可以連累整個家族，他當然要儘量保守這份秘密，但身爲詩人的他，又無法克制自己不用詩來宣洩心靈深處的眞情，故乃有一些「無題詩」，留傳於後世。

這份奧秘，只有細心研究的文學家，才能探索找到鑰匙，開鎖進入堂奧。蘇雪林教授民國十六年出版的「玉溪詩謎」問世後，首蒙當時文學家曾孟樸先生（筆名東亞病夫）的讚譽，接著在學術上，也跟著引起廣泛的論辯。隔了卅年後，不少學者，撰寫了不少論文發表，也有結集出版單行本者，有人頗表贊同蘇說，有人則表示反對，認爲不可能發生這樣的戀情。

這引起了蘇雪林教授繼續探尋考證的興趣。又經過了漫長的卅年，她又陸續找到不少新的佐證，使她對玉溪詩謎的解答，有了更爲紮實的精闢說明，民國七十五年，她在商務印書館又出版了一本「玉溪詩謎續篇」，內容較正篇益爲豐富。

不久，「玉溪詩謎正續合編」出了合訂本。前後歷時六十年之久，這種情形，在出版界而言，可謂是「異數」；仕學術界來說，更可算得上是「奇蹟」了。

我與內子柯玉雪，因著研讀這一本「玉溪詩謎正續合編」，觸發了編寫「李商隱」舞臺劇本的想法。因爲，許多歷史人物，都有人編寫過舞臺劇本，而「李商隱」卻從無有人寫過。民國五十七年，商務印書館曾出版過我的電視劇選集：「碧海青天夜夜心」，但僅是取李商隱的詩句，作爲書名而已。有了這樣的念頭，從民國七十九年開始，先研讀蘇著，勾勒出劇中應出場人物，再參閱其他有關李商隱的各種書籍，對他的身世、家庭背景、詩文作品、交往朋友，以及時代動脈，作通盤之瞭解，最後依據其年譜，決定劇中的取材範圍。

爲求符合史實，不敢草率著筆，乃與內子柯玉雪專程搭車南下，赴臺南蘇雪林教授寓所登門聆教。蘇教授雖已九十餘高齡，耳朵有些重聽，但我用筆在紙上寫明造訪來意後，她一聞提起李商隱來，立刻神彩飛揚，滔滔不絕，爲我倆敘述她當年考證之經過，並勉勵有加，希望早日樂觀其成。

在她的熱情支持與剴切相助下，我與玉雪合作，先完成了李商隱的廣播劇本，取名：「錦瑟恨史」，於八十年十二月一日，在漢聲廣播電臺「千古風流人物」系列廣播劇中播出，八十一年六月，該廣播劇並由「文史哲出版社」出版了單行本。

廣播劇的長度爲五十分鐘，而舞臺劇的長度，至少爲二小時，加上舞臺劇又有場景的限制，原想把李商隱一生中，他深愛的三個女人：宋華陽、盧輕鳳、妻子（王茂元之次女）王氏，均納入劇中，但左思右想，幅度過長，困難重重，最後，只好化繁爲簡，集中在輕鳳一人身上。

爲了配合劇中，有一段道士作法唸經趕鬼的情節，我又參閱了「道壇作法」「道門子弟早晚誦課」等書籍，更專程走訪了三教養聖堂的郭慶瑞導師，荷蒙他熱心賜教，受益良多。

經過好幾個月的案頭作業，於八十一年十一月，終於完成了劇本的初稿。惟恐臺詞、結構、情節諸方面，有所舛誤，特複印多份，恭請蘇雪林教授、王方曙教授、王紹清教授，以及戲劇界吳若先生、鍾雷先生、賈亦棣先生、貢敏先生等過目，賜予教正。

通過諸先進的細心核閱，果眞挑出了不少缺點與疏誤之處，有的逐字逐句，細加推敲，有的提出原則性的修改意見，我一一虛心接受，其中第一、五兩幕，還重新刪節改寫。脫稿後，參加教育部八十一年文藝創作獎舞臺劇本類之應徵，倖獲入選，成爲我歷年參加教育部應徵劇本，繼「金蘋果」、「國魂」、「母親的淚」、「淚水的沉思」後第五部得獎劇本。

得獎後，因未有戲劇團體，演出這個劇本，我乃又細心的將之改編成上、下兩集的「廣播劇」，於八十二年六月十二日、十九日，分兩次，在中廣第二調頻網播出。臆想不到同年十二月，該劇獲中華民國編劇學會投票表決，通過頒給最佳廣播劇編劇「魁星獎」。爲此，我還專誠又驅車南下，將該劇錄音帶播給體弱重聽的蘇雪林教授聆聽，她仔細收聽後表示，無瑕可擊。

但我自己，對舞台劇本第一幕，雖修改多次，仍不覺滿意，因有人認爲戲的衝擊力不夠強，也有人建議我不妨加寫「序幕」及「尾聲」，以加強全劇詩的氣氛，爲了改寫第一幕，我不斷進出中央圖書館，及各大書店，搜集有關唐史上「甘露之變」的素材，經過了一年多的努力，終於八十四年三月間，完成了第四次的修訂稿，讓我鬆了一口氣。

在這一年多時間中，我看了高陽先生寫的「鳳尾香羅」小說，我覺得他的取材，缺乏考證依據，又看了香港能仁學院文史研究碩士白冠雲女士所寫的「李商隱艷情詩之謎」的專著，她完全肯定了蘇雪林教授的看法。

白冠雲女士的這本專著，曾經香港大學黃康顯博士、陳英豪博士審查通過，並蒙此間國立中山大學張仁青博士推荐而出版，張仁青博士是公認研究李商隱詩作的權威學者，而白女士撰寫此書參考之書目，包括香港、臺灣、大陸三地各書局及雜誌報刊所發表有關李商隱之論著，達五十一種之多，眞可謂洋洋大觀。

爲求瞭解舞台劇演出時，鼓瑟之情景，我又特地走訪臺北能彈古瑟的專家魏德棟教授，蒙他不厭其詳，告知我有關「錦瑟」與「瑟」之種種學問，他告訴我：瑟這一種彈弦樂器，歷史久遠；要稱「鼓瑟」不能稱「彈瑟」。「儀禮」記載，戰國至秦漢之際，盛行「竽瑟之樂」，魏晉南北朝時期，瑟是伴奏相和歌的常用樂器，隋唐時期用於清樂，以後只用於宮廷雅樂和丁香音樂。目前，在臺灣會彈古箏者較多，能「鼓瑟」者找不出幾人，唯魏教授向我表示，來日，若有團體有意演出此劇，他可以提供此項樂器，並願指導七種不同的演奏方法。

我也曾請作曲家，希爲李商隱「錦瑟」這首詩，譜上樂曲，以便演出時，可以演唱，但一些作曲家，皆忙於作流行歌曲，使我未能如願，頗爲遺憾。

蘇雪林教授爲考證李商隱的戀愛事蹟，前後歷經了六十年一甲子之久，回顧我卅四年開始寫作迄今，前後也已屆滿五十年，五十年中，雖出版了不少：電影劇本、廣播劇本、電視劇本、小說、評論、考據文字，但近年來，我愛偏愛的，仍是舞臺劇本，因其可以經得起時間的考驗，一經出版成書，不僅三、五年內，可以演出，十年、廿年後，仍有演出的可能。

莎士比亞的不朽，因至今仍有人演出他的舞臺劇本，不像廣播劇、電視劇、電影，播完了，就消失了蹤影。

李商隱是中國晚唐傑出詩人，他生前這一段鮮爲人知的戀愛悲劇，我深盼靠著蘇雪林教授的考證，以及本劇的英譯出版演出，能傳諸後世，爲人所熟知，俾與民間傳說的「梁山伯與祝英台」相互媲美，水垂不朽。

（本文發表於八十二年六月三日「臺灣日報」，八十四年十二月又加補充修正）

編寫劇本的要訣

——供初學編劇者參考

我在各大專院校，教授「戲劇編寫習作」的課程，已歷廿餘年，一些年輕朋友都盼很快學會編劇，往往學了一年半載，就想有偉大作品產生，事實上，編寫出令人激賞、喝采的劇本，太難了。

我們常說編寫劇本，無法速成，也沒有捷徑，可以一步登天，馬上就名利雙收，必須腳踏實地，不斷的努力，才能抵達成功的境地。俗話說：「羅馬不是一天之內，就可以造成的」，編寫劇本亦復如此。爲了對愛好編劇的朋友，提供一些努力的途徑，這裡，我願列出一些要訣，供大家參考。

第一、不斷充實自己：要充實自己，就必須多讀、多看、多聽。多讀書，尤其是有關戲劇理論的書籍，以及出版之各類劇本，包括舞台劇本、電影劇本。若要寫廣播劇本，要搜購出版廣播劇本來看，要寫電視劇本，要設法去找至已播映過的電視劇本來看。看劇本不能只看一遍，知道了故事劇情，就算了事，必須看兩遍、三篇，深入研究探討，再寫「讀劇心得」，才能在細讀研究之下，發現你看到其中的編寫技巧，何處是伏筆？何處是懸疑？何處是安排曲折？何處是智慧的對白了？……這些，都是草草看一遍，所無法發現的。此外中外世界的文學名著也要研讀。再者多看方面，包括看電影、看舞台劇、看電視、看錄影帶，甚至一些地方戲曲的演出，以擷取精華，予以吸收。要寫廣播劇的朋友，應以像上課一樣的心情，收聽各電台播出的長短廣播劇，聽多了，自然會產生寫作的激動。就像一頭牛，草吃多了，自然就會生出牛奶來，若不吃草，怎麼擠得出奶呢？

第二、不斷蒐集資料：寫劇本要靠材料，所以除了多讀、多看、多聽之外，還要平時不斷蒐集資料，這些資料，有時要去圖書館找，或是到書店去找，如決定寫清宮的戲，不能只看清史就夠了，還要去找野史、秘聞……等書籍，寫時裝劇，不能只看名著小說，還要看報紙、雜誌，將一些突出的新聞、趣聞、奇聞，分類剪貼起來，一旦要編劇時，就派得上用場了，光靠頭腦記憶那是不夠的，必須靠做筆記或剪貼資料簿，近來電腦發達，可以利用電腦，將一些認為可用的資料貯藏起來，這樣要運用時，就不會「恨」少了。

此外，如一些笑話、奇風異俗、諺語、對聯、謎語……等書籍，尤其認為有趣的，也可視作資料，一併蒐藏起來，寫對白時引用穿插，就不虞匱乏，並可妙趣橫生，如電影「喜宴」中鬧新房的穿插，就是編劇有了這樣的素材，加以巧妙的運用罷了，不是嗎？

第三、不斷嘗試創新：戲劇作品，要求不斷突破、創新，戲劇才能受到觀衆的歡迎，若是墨守成規，依樣畫葫蘆，畫得再好，也不稀奇，這和臨摹繪畫藝術是不一樣的。因之，編劇者，不妨盡量突破舊的窠臼，開發新的構想，可以天馬行空，異想天開，近年來，流行向未來取材，向靈魂、甚至向太空、幻想、神話去開創新天地，如早期的「外星人E．T」近期的「第六感生死戀」、「侏羅紀公園」……等就是最好的例證。

當然，一些不成熟的創新，有時也會嘗到失敗、受挫的滋味，但這是難免的，一旦獲得肯定成功，其滋味是更好受的，你不妨在這一公式下，去努力耕耘。

第四、順序漸進不氣餒：寫劇本要順序前進，不要沒有寫過單元電視劇本，一下子就想寫連續劇，應該先從單元劇寫起，從卅分鐘長度的劇本開始，再寫六十分鐘、九十分鐘的長度劇本。

依照我的經驗，廣播劇比電視劇要好寫，因爲它只要把握一個「以聲音表現」的特性，去創作，不必計較場景的變化、鏡頭的運用、畫面的構成等因素，只需注意對白，與音效的配合。當然，現在很少有人聽廣播劇，卻常看電視劇，一開始就寫電視劇，也未嘗不可。

其次，可以先練習改編他人小說著手，然後才開始自己創作。唯改編他人之小說，近年來，大家十分重視著作權，應先徵得原作者之同意，否則會惹出糾紛，這一點是需要加以注意的。

單元劇寫得十分熟練後，才可以嘗試寫連續劇或電影劇本，起步的時候，也可以找人合作，集體創作，先只寫一部份，然後才一人獨立作業，這就是所謂順序漸進，因爲連續劇壓力甚大，一旦失敗了，就很少有再創作的機會，至於電影劇本，可以參加應徵。

最後，我要說的是有些年輕朋友，初學編劇的時候，興趣高昂，作品完成後，就希望被採用播出，一旦退稿、封殺，就再也提不起創作的熱情，而放棄了再繼續寫作的勇氣，這是十分可惜的，記住「失敗爲成功之母」，編劇的人，不一定第一次編劇，就一定成功，多半是失敗了多少次以後，才獲得成功的，所以，絕不能氣餒，也不能灰心，更不能半途而廢。把握了上述的幾項要訣，開始努力吧。

你看：屋簷下的石頭，會被雨水滴成一個洞，這個事實告訴你，雨水的不斷努力，可以擊破階石的堅硬，一根鐵杵可以磨成針，這決非神話也。

（本文發表於八十三年四月六日「青年日報」）

附錄(一)

姜龍昭耕耘劇作五十年

——八十六年榮獲國軍新文藝特別貢獻獎

・青年日報記者楊中興專訪・

從事文學寫作五十二年，出版著作達五十三種，且全數爲美國國會圖書館中文部蒐藏的劇作家姜龍昭，八十六年榮獲國軍新文藝特別貢獻獎。姜龍昭說：此一獎項的頒發，對從事寫作多年的他而言，是一項非常大的鼓勵與肯定，感謝國軍對新文藝的支持，今後他也願爲寫作貢獻一己之心力。

爲了推動國軍新文藝，使青年學子與部隊官兵能夠成爲國軍新文藝的種籽部隊，姜龍昭說，他近年成立了「龍昭編劇班」，希望透過寫作的方式，灌輸有志從事寫作人士正確的人生觀，將人生的體認，化爲文字，進而以潛移默化的方式，達到李總統登輝先生所一再倡導的「心靈改革」。所以，他非常願意將五十幾年的寫作經驗，傳授給有志寫作的青年朋友們參考。

他並指出，回憶過去幾十年，一直與國軍保有很密切的關係，雖多半從事戲劇的寫作，但也透過筆法結合時勢，將社會百態，以另外一種形式呈現，藉此引起世人的注意與共鳴。今後他也希望能夠繼續爲國軍新文藝貢獻一己之力，爲國軍培養新一代的文藝尖兵。他說：「軍隊中，若能培養官兵從事文藝創作，相信不但可以培植優秀的作家，也可在軍中形成新的讀書風氣，不但可以營造書香社會奠基，也可化解目前社會中的暴戾之氣。」

民國十七年出生的姜龍昭，畢業於政工幹校（政治作戰學校前身）第一期新聞系，曾任台視編審、中視編審組副組長、製作人，現任輔大副教授、中華民國編劇學會理事長、龍昭編劇班主任及中廣「細說流行語」節目主講人。

在五十三年的寫作生涯中，姜龍昭得過無數大小獎項，而其中最爲人所津津樂道與熟悉的就是舞台劇「國魂」、電視連續劇「春雷」、「長白山上」與電視節目「大時代的故事」。而在姜龍昭所出版的著作中，屬經典之作的還包括，由他根據革命元老邵百昌將軍口述完成的傳記文學「武昌首義一少年」及在天安門事件發生後，根據新聞資料編寫完成的「血洗天安門」廣播劇。

說起姜龍昭所得獎項，可用「目不暇給」來形容，不論是金像獎、銀像獎、銅像獎等各種大小獎項，姜龍昭可說是沒有一項獎項，未曾得過。他自民國四十二年、四十三年獲頒總政治作戰部舉辦的「軍中文藝獎」後，先後得過新聞局電影劇本特優獎、國軍、新文藝電影劇本銅像獎，民國七十一年編寫的舞台劇「國魂」，獲國軍新文藝輔導會頒給「光華獎」。

在姜龍昭從事寫作五十二年的生涯中，他投身電視界，服務了三十二年之久，這期間他因製作「大時代的故事」電視社教節目，獲中國國民黨頒發華夏二等獎章，此外還先後獲頒四座金鐘獎及新聞局、法務部、教育部等政府機關，所頒發的獎項，共四十六項之多。

不過，在姜龍昭所有著作作品中，最令他引以爲傲的著作有四部，分別是「淚水的沈思」、「飛機失事以後」、「泣血煙花」與「李商隱之戀」等四部劇本。他說：在中國文學作品中，以中、英文二種版本發行的著作並不多。而他能有四部著作，以中、英文發行單行本，其中「李商隱之戀」一書，美國舊金山中華劇藝社還要在明年以舞台劇方式演出，怎不令人感到驕傲。

姜龍昭表示，他自民國五十九年第二屆國軍新文藝獎開始，即擔任影劇評審委員，直至八十五年止，前後擔任了十屆評審委員，同時，他還曾前往國軍各部隊及金門等地，輔導官兵寫作。

姜龍昭指出：電視的發達似乎並沒有被充分的運用，而部分電視從業人員，爲了迎合客戶的喜好而製作出水準較低的節目，使得收看的民衆，也就無法欣賞到較好的節目與作品，相對地也就降低了文學水準。而對於「國軍新文藝獎」的舉辦，他認爲，是對從事寫作人的一種鼓勵，尤其是目前社會風氣的敗壞，「國軍新文藝獎」的舉辦，就好似一股清流，能夠有正本清源的作用。

（本文刊登於八十六年十月十六日「青年日報」）

附錄(二)

姜龍昭著作出版書目

作品名稱	類別	出版處所	字數	出版年月日
烽火戀歌	獨幕劇	總政治部	約二萬	四十一年十二月
奔向自由	獨幕劇	總政治部	約二萬	四十二年十二月
自由中國進步實況	報導文學	中央文物供應社	約廿萬	四十九年十二月
六六五四號啞吧	電視劇選集	平原出版社	約三萬	五十三年二月
電視綺夢	電視劇選集	正中書局	約五萬	五十五年九月
金玉滿堂	電視劇選集	菲律賓劇藝社	約十二萬	五十六年九月
父與子	獨幕劇	僑聯出版社	約二萬	五十六年十二月
碧海青天夜夜心	電視劇選集	商務印書館	約十二萬	五十七年一月
一顆紅寶石	電視劇選集	菲律賓劇藝社	約十萬	五十八年二月
金色陷阱	電視劇選集	東方出版社	約十二萬	五十八年六月
故都風雲	廣播劇	軍中播音總隊	約二萬	五十九年四月
孤星淚	多幕劇	僑聯出版社	約四萬	五十九年四月

情旅	小說	新亞出版社	約六萬	五十九年五月
春雷	小說	新亞出版社	約六萬	五十九年十月
長白山上	圖畫故事	新亞出版社	約六萬	六十年三月
紅寶石	獨幕劇	中國戲劇藝術中心	約二萬	六十年十二月
長白山上（與人合編）	電視連續劇	正中書局	約五十萬	六十一年十月
海戰英雄	廣播劇	總政治作戰部	約二萬	六十三年十月
吐魯番風雲	多幕劇	商務印書館	約四萬	六十五年六月
眼	多幕劇	商務印書館	約四萬	六十五年十二月
海與貝殼	小說	正中書局	約十八萬	六十五年七月
電視劇編寫與製作	論著	黎明文化事業公司	約十二萬	六十五年七月
金蘋果	兒童歌舞劇	中國戲劇藝術中心	約四萬	六十七年三月
電視縱橫談	論著	聯經出版社	約十四萬	六十八年三月
一個女工的故事	電影劇本	遠大出版公司	約八萬	六十八年六月
姜龍昭選集	綜合	黎明文化事業公司	約十八萬	六十八年九月
電影戲劇論集	論著	文豪出版社	約廿萬	六十八年十二月
電視編劇理論與實務（與人合著）	論著	中視週刊社	約廿萬	七十年三月
中華民國電視事業的回顧與前瞻（與人合著）	論著	中國電視公司	約廿二萬	七十年十月

姜龍昭劇選（第一集）	劇本	遠大出版公司	約十八萬	七十一年四月
戲劇編寫概要	論著	五南圖書出版公司	約卅萬	七十二年三月
一隻古瓶	多幕劇	漢欣文化公司	約三萬	七十三年三月
金色的陽光	多幕劇	文化建設委員會	約三萬	七十三年三月
幾番漣漪幾番情（與人合編）	多幕劇	文化建設委員會	約四萬	七十三年三月
英風遺烈	傳記文學	近代中國社	約十二萬	七十三年三月
武昌首義一少年	傳記文學	黎明文化事業公司	約十二萬	七十三年三月
母親的淚	多幕劇	教育部	約四萬	七十四年二月
最後的一面	小說	晨星出版社	約十二萬	七十五年三月
戲劇評劇集	論著	采風出版社	約十二萬	七十五年五月
淚水的沉思	多幕劇	教育部	約四萬	七十七年八月
香妃考證研究（正集）	考證	文史哲出版社	約十四萬	七十七年十月
姜龍昭劇選（第二集）	劇本	文史哲出版社	約廿萬	七十七年十月
血洗天安門	廣播劇	中興出版社	約二萬	七十九年三月
淚水的沉思（中英文對照）	多幕劇	文史哲出版社	約四萬	八十年十一月
飛機失事以後（中英文對照）	多幕劇	文史哲出版社	約四萬	八十一年七月
泣血煙花（中英文對照）	多幕劇	文史哲出版社	約四萬	八十一年十二月
香妃考證研究（續集）	考證	文史哲出版社	約十八萬	八十一年三月

李商隱　多幕劇　教育部　約四萬　八十二年四月

細說流行語（第一集）　考證　號角出版社　約十萬　八十二年八月

細說流行語（第二集）　考證　號角出版社　約五萬　八十三年五月

如何編劇本　論著　新中國出版社　約十二萬　八十三年四月

李商隱之戀（中英文對照）　多幕劇　文史哲出版社　約四萬　八十四年十二月

細說流行語（第三集）　考證　健行出版社　約十二萬　八十五年一月

細說流行語（第四集）　考證　健行出版社　約十二萬　八十七年一月

姜龍昭劇選（第三集）　廣播劇　文史哲出版社　約十六萬　八十七年三月

戲劇評論探討　論著　文史哲出版社　約十四萬　八十七年五月

附錄㈢

姜龍昭歷年得獎紀錄

⑴四十一年編寫兒童劇「榕樹下的黃昏」獲臺灣省教育廳徵兒童劇首獎。
⑵四十二年編寫獨幕劇「奔向自由」獲總政治部軍中文藝獎徵獨幕劇第三名。
⑶四十三年編寫多幕劇「國軍進行曲」獲總政治部軍中文藝獎徵多幕劇佳作獎。
⑷四十七年編寫廣播劇「葛籐之戀」獲教育部徵廣播劇佳作獎。
⑸五十一年編寫廣播劇「六六五四號」獲新文藝月刊祝壽徵文獎首獎。
⑹五十三年編寫電視劇「青年魂」獲青年反共救國團徵電視劇佳作獎。
⑺五十四年編寫廣播劇「寒澗圖」獲教育部廣播劇佳作獎。
⑻五十六年編寫「碧海青天夜夜心」電視劇獲中國文藝協會頒發「最佳電視編劇文藝獎章」。
⑼五十六年編寫獨幕劇「父與子」獲伯康戲劇獎徵獨幕劇第四名。
⑽五十七年編寫多幕劇「孤星淚」獲伯康戲劇獎徵多幕劇首獎。
⑾五十九年因出版劇本多種，人物刻劃細膩，獲教育部頒發戲劇類「文藝獎章及獎狀」。
⑿六十年製作「春雷」電視連續劇，獲教育部文化局頒巨型「金鐘獎」乙座。

⒀六十年編寫連續劇「迷夢初醒」使「萬福臨門」節目獲教育部文化局頒「金鐘獎」乙座。
⒁六十一製作「長白山上」電視連續劇，獲教育部文化局頒巨型「金鐘獎」乙座。
⒂六十一年與人合作編寫電視連續劇「長白山上」，獲中山文化基金會頒「中山文藝獎」。
⒃六十三年製作電視連續劇「青天白日」獲中國電視公司頒發獎狀。
⒄六十四年編寫宗教話劇「眼」獲「李聖質戲劇獎」首獎。
⒅六十四年編寫電影劇本「勇者的路」獲國軍新文藝金像獎電影劇本徵文佳作獎。
⒆六十五年製作電視節目「法律知識」獲司法行政部頒發獎狀。
⒇六十五年編寫多幕劇「吐魯番風雲」獲臺北市話劇學會頒第三屆「最佳編劇藝光獎」。
(21)六十五年編寫電影劇本「一襲輕紗萬縷情」獲電影事業發展基金會徵電影劇本佳作獎。
(22)六十五年編寫電影劇本「大海戰」獲國軍新文藝金像獎電影劇本徵文「銅像獎」。
(23)六十六年製作電視節目「法律知識」獲行政院新聞局頒巨型「金鐘獎」乙座。
(24)六十七年編寫兒童歌舞劇「金蘋果」獲教育部徵求兒童劇本首獎。
(25)六十八年編寫電影劇本「鐵甲雄獅」獲電影事業發展基金會徵求電影劇本優等獎。
(26)六十九年獲臺灣省文藝作家學會頒發第三屆「中興文藝獎章」電視編劇獎。
(27)七十年編寫舞臺劇「國魂」獲教育部徵求舞臺劇第二名，頒發獎狀及獎牌。
(28)七十年編寫電影故事「鳥棚中的奮鬥」及「吾愛吾師」雙獲電影事業發展基金會入選獎。
(29)七十一年製作電視節目「大時代的故事」獲中央黨部頒發「華夏」二等獎章及獎狀。

(30)七十一年獲國軍新文藝輔導委員會頒發「光華獎」獎狀。

(31)七十二年編寫舞臺劇「金色的陽光」獲文建會委員會徵求舞臺劇本第二名及獎牌。

(32)七十二年參加教育部委託中華日報家庭休閒活動徵文獲第三名。

(33)七十二年編寫電影故事「老陳與小柱子」獲電影事業發展基金會徵求電影故事入選獎。

(34)七十三年編寫舞臺劇「母親的淚」獲教育部徵舞臺劇第三名，頒發獎狀及獎金。

(35)七十四年編寫廣播劇「江爺爺」獲中華民國編劇學會頒發「魁星獎」。

(35)七十六年因實踐績效評定特優獲革命實踐研究院兼主任蔣經國頒發獎狀。

(37)七十七年編寫舞臺劇「淚水的沈思」獲教育部徵舞臺劇佳作獎，頒發獎牌及獎金。

(38)七十八年編寫廣播劇「地下英雄」獲新聞局舉辦國家建設徵文獎，頒發獎金。

(39)七十八年編廣播視劇「血洗天安門」獲青溪新文藝學會頒「金環獎」獎座及獎金。

(40)七十八年編寫電影劇本「死囚的新生」獲法務部徵電影劇本獎，頒發獎金。

(41)七十九年編寫電影劇本「綠島小夜曲」再獲法務部徵電影劇本獎，頒發獎金。

(42)八十年製作電視教材「大地有愛」獲中國國民黨考核紀委會頒發獎狀。

(43)八十二年服務廣播、電視界屆滿卅年，獲新聞局頒發獎牌。

(44)八十二年編寫舞臺劇「李商隱」獲教育部徵舞臺劇佳作獎，頒獎狀及獎金。

(45)八十二年編寫廣播劇「李商隱之戀」獲中華民國編劇學會，頒發「魁星獎」。

(46)八十五年配合推行拒菸運動，獲行政院衛生署頒發獎牌。

⑷⑺八十六年推行軍中新文藝，獲國軍新文藝輔委會頒發「特別貢獻」獎座及獎金。

⑷⑻八十六年編寫廣播劇「異鄉」獲中國廣播公司「日新獎」。